北京大学·复旦大学·吉林大学·中山大学
国家治理协同创新中心

华东政法大学
中国社会公共安全研究中心

# 中国社会公共安全研究报告

Advances in China Public Security

主　编　杜志淳　张明军
副主编　汪伟全

第13辑
2018年第2期

图书在版编目(CIP)数据

中国社会公共安全研究报告·第13辑/杜志淳,张明军主编. —北京:北京大学出版社,2018.12

ISBN 978-7-301-30446-4

Ⅰ. ①中… Ⅱ. ①杜… ②张… Ⅲ. ①公共安全—社会管理—研究报告—中国 Ⅳ. ①D63

中国版本图书馆CIP数据核字(2019)第073160号

| | |
|---|---|
| 书　　　名 | 中国社会公共安全研究报告·第13辑<br>ZHONGGUO SHEHUI GONGGONG ANQUAN YANJIU BAOGAO·DI-SHISAN JI |
| 著作责任者 | 杜志淳　张明军　主编 |
| 责 任 编 辑 | 尹　璐　朱梅全 |
| 标 准 书 号 | ISBN 978-7-301-30446-4 |
| 出 版 发 行 | 北京大学出版社 |
| 地　　　址 | 北京市海淀区成府路205号　100871 |
| 网　　　址 | http://www.pup.cn　新浪微博:@北京大学出版社 |
| 电 子 信 箱 | sdyy_2005@126.com |
| 电　　　话 | 邮购部 010-62752015　发行部 010-62750672　编辑部 021-62071998 |
| 印 刷 者 | 北京虎彩文化传播有限公司 |
| 经 销 者 | 新华书店 |
| | 787毫米×1092毫米　16开本　11.25印张　210千字<br>2018年12月第1版　2018年12月第1次印刷 |
| 定　　　价 | 52.00元 |

未经许可,不得以任何方式复制或抄袭本书之部分或全部内容。
**版权所有,侵权必究**
举报电话:010-62752024　电子信箱:fd@pup.pku.edu.cn
图书如有印装质量问题,请与出版部联系,电话:010-62756370

# 编委会

| | | | | |
|---|---|---|---|---|
| 主　任 | 杜志淳 | | | |
| 副主任 | 杨正鸣 | 何明升 | 张明军 | |
| 编　委 | 于建嵘 | 李连江 | 高小平 | 王教生 |
| | 陆卫东 | 娄成武 | 朱正威 | 佘　廉 |
| | 竺乾威 | 陈振明 | 倪　星 | 王永全 |
| | 杨　龙 | 项继权 | 朱立言 | 沈忠新 |
| | 陈　平 | 郭秀云 | 杨正鸣 | 何明升 |
| | 张明军 | 倪　铁 | | |
| 主　编 | 杜志淳 | 张明军 | | |
| 副主编 | 汪伟全 | | | |
| 编　辑 | 郭秀云 | 吴新叶 | 汪伟全 | |
| | 易承志 | 郑　谦 | | |

投稿信箱：hzggy021@126.com

投稿地址：上海市龙源路 555 号华东政法大学集英楼 B309 室

# 目录 *Contents*

**年度报告**

2017年中国社会典型群体性事件分析报告 ………… 张明军 朱玉梅 / 003

**特约专栏**

公共安全治理关键概念辨析 ……………………………………… 童 星 / 017

改革开放40年中国农村社会矛盾冲突的特点及演进趋势
　　——基于CiteSpaceⅢ的可视化研究 ……… 文 宏 杨 康 李玉玲 / 031

基层公共安全治理社会化：机制与路径
　　——城市化进程中的社区组织观察 ………………… 袁方成 黄 盼 / 047

公共安全视角下我国政府数据开放风险防范研究 ……… 王丽莉 杨璐铭 / 059

**基层治理**

制度调控利益：改善劳资冲突民主化治理的主要策略
　　…………………………………………………………… 汪仕凯 王 威 / 075

群体性突发事件的成因分析及阻断研究
　　——社会燃烧理论的分析框架 ……………………… 邓志锋 黄 虬 / 097

**理论探讨**

公民参与：环境类群体性事件治理的新策略 …………… 汪伟全 刘佳宁 / 109

**研究综述**

我国邻避类议题研究综述
　　——基于CNKI数据库的分析 …………………………………… 王 锋 / 125

社会资本视角下中国网络乱象之治理变革 ……………………… 钟园园 / 145

**案例分析**

城管综合执法协同网络创新
　　——基于上海浦东新区的实证研究 ………………… 潘晓霞 郑晓华 / 159

年 度 报 告

# 2017年中国社会典型群体性事件分析报告

张明军 朱玉梅*

**摘 要**：纵观2017年中国群体性事件，其数量较前一年略有增加。从发生领域来看，劳资纠纷、征地拆迁、环境污染、业主维权是现实领域中群体性事件发生的集中板块，而教育、医疗、安全等领域是网络群体性事件的聚焦点。从事件类型来看，利益诉求类事件和理念伸张类事件是主体。从参与主体来看，构成日益多元化和复杂化。从事件形态来看，网络群体性事件持续增长，线上线下互动增强。从冲突程度和方式来看，暴力化程度有所下降，言语冲突日渐增多。面对群体性事件呈现出的新特征，亟须优化政府回应机制、加强网络舆情监管与引导以及调整治理思维与策略，以期降低群体性事件的发生，减少群体性事件对社会秩序的破坏性影响。

**关键词**：群体性事件；公共安全；社会冲突

## 一、2017年中国群体性事件整体态势

对于2017年的群体性事件，由于目前尚无比较准确和权威的数据统计，只能根据以往研究以及2017年社会发展形势初步判断，群体性事件总数较前一年略有增加，其中一个主要原因就是经济仍存下行风险，发展不平衡问题突出，由此导致各种类型的群体冲突事件在各地频频发生。梳理2017年所发生的群体性事件，发现其总体格局延续了以往趋势。在现实领域，劳资纠纷、征地拆迁、环境污染、业

---

\* 张明军，华东政法大学中国社会公共安全研究中心副主任、教授、博士生导师，主要研究领域：当代中国政党与政治；朱玉梅，华东政法大学政治学与公共管理学院博士研究生，主要研究领域：公共安全、环境治理。

主维权等依然是构成群体性事件的集中板块,相关的工人(含农民工)、农民、居民等是其主要参加群体。在网络空间,相关群体围绕教育、医疗、收入分配、安全等领域形成了一些网络群体性事件,其中,中等收入群体、90后、城市网民是重要参与群体,具体可以通过案例对2017年群体性事件的大致情况进行分析。

## (一)劳资纠纷、征地拆迁、环境污染、业主维权是现实领域中构成群体性事件的集中板块

### 1. 劳资纠纷依然是群体性事件的重要诱因

2017年,中国经济结构调整步伐加快,政府去产能战略稳步推进,带来了传统制造业的衰落、新兴行业的崛起,在这一背景下,中国劳资纠纷仍呈增长趋势,并随着企业迁移和新行业的兴起,呈现出从沿海到内陆、从传统行业向新兴行业扩散的态势。一方面,在建筑业、制造业、交通运输业等仍是劳资纠纷高发领域的同时,服务业、零售业等所产生的劳资纠纷也不断显现,如物流、送餐、金融、IT等行业。例如,2017年3月15日,云南大理美团外卖员工罢工,打着"要求美团总部回应大理渠道李某和经理徐某违规问题"的横幅进行抗议。与此类似,外卖员、配送员用集体罢工、辞职等方式进行维权的事件也在黑龙江、重庆、广东等地发生。中国劳工通讯发布的《中国工人运动观察报告2015—2017》也指出,中国劳动密集的传统制造业的工人集体行动的百分比明显下降,2017年达到创纪录的21.3%的低点。同时,服务业和零售业的群体性事件在2017年达到创纪录的20.7%。① 另一方面,劳资纠纷主要发生区域从珠三角、长三角等地区,逐步向内陆省份扩展。《中国工人运动观察报告2015—2017》指出,在其收集的数据中,发生在河南省建筑业、交通业、零售业的个案均居各省首位,而广东地区的工人集体行动从2013年占据全国总数的38%下降到2017年的11.8%。② 此外,因工人薪资报酬受损、社会福利保障受侵害、要求改善工作条件等原因造成的劳资纠纷在全国各地仍高频出现,如2017年7月19日,江苏省新沂市华宏特钢公司部分工人因劳资纠纷与厂方发生冲突,随后冲突加剧,演变成群体性事件。

### 2. 征地拆迁诱发的群体性事件形势严峻

征地拆迁是城市改造与发展、新农村建设与乡村振兴进程中必然会涉及的问

---

① 资料来源:https://www.clb.org.hk/content/identifying-trends-workers'-collective-action-2015-17,2018年11月7日访问。
② 同上。

题,一般来说,其涉及面广、影响范围大,处理不当,极易造成群体性事件和群体维权的产生。近年来,因一些地方政府法治意识薄弱,在拆迁过程中急功冒进和不当作为,导致因征地拆迁所引起的群体性事件数量多、对抗激烈,引起了社会的广泛关注。由于该类事件持续多年,社会对其认知走向常态化,再加上地方政府回应机制的调整,2017年,征地拆迁与群体维权等矛盾聚焦点的舆情态势回落明显,各类维权事件基本无舆论热议。① 但这并不意味着此类事件积压的矛盾得到了化解,在遇到强拆、暴力拆迁时这类矛盾依然会以激化的方式展现出来,造成人员死伤和财产损伤。如2017年3月,江西省赣州市因"空心房"拆迁,副乡长被村民"铲死"事件;2017年4月,上海市静安区发生暴力抗拆,造成一死三伤事件;2017年9月,河南省郑州市高新区百炉屯村因拆迁发生一死一伤事件等。② 这一系列暴力拆迁案件不仅激发了矛盾冲突,还进一步恶化了干群关系。

**3. 环境污染引发的群体性事件依然频发**

2017年,由环境污染问题导致的群体性事件依然频发不断,涉及垃圾焚烧、化工企业、大型电站建设等不同领域。如2017年2月14日,黑龙江省大庆市上万名民众上街游行示威,高举"拒绝忠旺、抵制忠旺""反对污染""保住蓝天白云"等标语,抗议忠旺铝业在大庆建厂,要求政府叫停忠旺铝业项目。4月30日,河北省宁晋县东汪镇南丁曹村数百村民因不满大曹庄管理区化工厂排放污染环境的有毒气体、污水等而上街聚集,并持续十多天在化工厂门口坚守和抗议,要求关闭和拆除邻近的化工厂。10月,湖南省新田县枧头镇人民群众连续几天上街游行,高举"反对在枧头镇建立垃圾焚烧发电厂"的横幅,抗议垃圾焚烧发电厂的建立。此外,还有广东四会、广东湛江等地也先后爆发了反对新建工业废弃物处理中心、光伏项目等邻避设施的环境群体性事件。从环保类群体性事件的基本态势可以看出,环境群体性事件已从事后预防型走向事前预防型,公众的诉求也更为复杂和多样,呈现出更多的权利诉求和利益动机。面对公众环保意识的逐步增强和对美好生活需要的日益增长,如何平衡经济发展和环境保护、打破政府和民众之间的信息壁垒,从根本上减少环境群体性事件的发生,是当前中国经济社会发展过程中必须予以解决的一大难题。

---

① 祝华新、廖灿亮、潘宇峰:《2017年中国互联网舆论分析报告》,载李培林等主编:《2018年中国社会形势分析与预测》,社会科学文献出版社2018年版,第258页。

② 由中国城乡建设管理与房地产法研究中心和北京市才良律师事务所共同发布,具体参见《2017年中国拆迁年度报告》,http://articles3.weico.cc/article/8973714.html,2018年11月8日访问。

**4. 业主集体维权事件频发**

2017年，国内房地产市场继续处于调控之中，但商品房销售市场仍呈现出蓬勃发展的景象。一方面，房地产投资继续增长，从国家统计局公布的《中华人民共和国2017年国民经济和社会发展统计公报》发现，2017年我国全年房地产开发投资109799亿元，比2016年增长7.0%；另一方面，房地产销售市场火爆，"三去一降一补"（即去产能、去库存、去杠杆、降成本、补短板）的成效显著，据相关数据显示，2017年全国百城库存规模相当于2013年3月的水平，库存规模回落到了五年前的水平。① 在这一背景下，房地产开发商、物业及业主之间的矛盾纠纷也不断增加，诸多业主为维护自身合法权益，走上了集体维权之路。例如，2017年8月，杭州富力十号院精装修曝出严重质量问题，如用胶水粘栏杆、人踩地板时缝隙冒灰、存在渗水和发霉问题等，引起了大批业主集体维权。又如，2017年12月，成都华润金悦湾二期被业主指控存在虚假宣传、偷工减料等问题，小区400户业主多次与开发商协商无果，引发业主大规模维权。② 此外，还有发生在河南郑州、上海松江佘山、北京丰台、陕西西安等地业主因开发商言行不一、偷工减料、违规使用公共空间等问题所采取的系列维权行为，以期维护自身的合法权益。

**（二）聚焦教育、医疗、安全等问题形成网络围观、网络声讨等网络群体性事件**

一般来说，研究者在界定群体性事件的含义时，都强调该事件的群体性、违法性和对社会的危害性等特征。③ 与此不同，本文在定义网络群体性事件时趋向中性化，认为网络群体性事件是一定数量的网民为了特定目的围绕热点问题，在网络公共领域大规模汇聚意见进而影响现实生活的群体性事件。④ 近年来，我国互联网发展迅猛，网民规模增长迅速，根据中国互联网络信息中心发布的《第40次中国互联网络发展状况统计报告》可知，截至2017年6月，中国网民规模达到7.51亿，

---

① 由中国城乡建设管理与房地产法研究中心和北京市才良律师事务所共同发布，具体参见《2017年中国拆迁年度报告》，http://articles3.weico.cc/article/8973714.html，2018年11月8日访问。
② 《生命中不能承受之重：2017年度房地产10大维权事件出炉！》，http://op.inews.qq.com/m/20180315A059HV00?refer=100000355&chl_code=kb_news_house&h=0，2018年11月8日访问。
③ 王国勤：《"集体行动"研究中的概念谱系》，载《华中师范大学学报（人文社会科学版）》2007年第5期。
④ 郝其宏：《网络群体性事件概念解析》，载《齐鲁学刊》2013年第1期。

网民中使用手机上网的人群占比提升至96.3%，92.1%的网民使用QQ、微信等即时通信工具，81%的网民使用搜索引擎。① 在此背景下，民众通过网络发布见解、表达诉求也逐步增加，由此，相关群体围绕医疗、教育、住房等利益攸关的问题所形成的网络群体性事件的数量及规模呈现不断上升的态势。

**1. 医患关系仍是社会关注焦点**

作为一项基本公共服务，医疗卫生问题一直备受关注，每次重大医疗事故的发生、医患暴力冲突的出现等都会刺痛公众敏感的神经，引发公众热议和思考。2017年1月出现的"浙江中医院艾滋病感染"和2月发生的"青岛人民医院乙肝感染暴发"两起重大医疗卫生事故在网络舆论场掀起轩然大波；4月发生的长沙岳麓区106名学生感染艾滋病和8月发生的湖南桃江四中群体性肺结核事件又再次引发公众在网络空间上的热议和讨论。2月江苏人民医院孙倍成教授被暴力刺伤和大理患者捅伤医生等恶性伤医事件，以及6月滨州惠民"6·15暴力伤医事件"和8月陕西榆林产妇坠楼事件等更是让医患关系问题一次次走入舆论高峰。其中，榆林产妇坠亡事件还是2017年20件热点舆情事件之一，可见公众对其讨论程度之高。此外，滨州惠民的暴力伤医事件中，出现了患者亲属打砸会议室、堵住医院大门、在重症监护室烧纸等行为，更加凸显了医患关系的持续紧张和严重。虽然国家卫健委医政医管局副局长郭燕红在国家卫生健康委员会的新闻发布会介绍说，2013年以来，全国医疗纠纷总量累计下降20.1%，涉医案件累计下降41.1%。② 但是2016年，全国医疗纠纷总量仍有10.07万件，③ 可见医疗纠纷总量仍然很高的现状暂时并未改变，当前的医患关系仍像膨胀的气球，在一定条件下还是存在爆炸的可能。

**2. 教育领域热点事件频现**

作为影响个人、家庭乃至国家未来发展的重要领域，教育问题一直备受关注。2017年，教育领域热点事件频现，一次次引发舆论极大反响，尤其是2017年11月发生在北京的红黄蓝幼儿园虐童事件，将公众对教育领域问题的关注和讨论推至顶峰。由于这一事件与万千家庭密切相关，因而也引发了广泛持久的网络关注和声

---

① 中国互联网络信息中心发布的《第40次中国互联网络发展状况统计报告》，2017年8月4日。
② 《医疗纠纷总量5年累计下降20.1%》，http://politics.people.com.cn/n1/2018/0909/c1001-30281201.html，2018年11月9日访问。
③ 《2016年全国医疗纠纷数量同比下降6.7%》，http://www.xinhuanet.com/legal/2017-02/23/c_1120519239.htm，2018年11月9日访问。

讨，亦成为线上线下相互影响的典型事件和2017年教育领域最热的舆情事件。① 此外，还有涉及中学生和留学生群体、校园安全事故、师德师风等方面的事件引发舆论极大反响。例如，涉及中学生和留学生群体的"北京延庆二中学生受辱事件""河南驻马店300名高中生抗议食堂饭菜价高""北大女硕士章莹颖在美失踪"等事件都引起了广泛的舆论关注。又如，涉及校园安全事故的"四川泸县学生宿舍楼外死亡""携程亲子园虐童""江苏丰县幼儿园发生爆炸"等事件也引爆舆论；另外，还有涉及师风师德的事件也备受热议，如"中国学者107篇医学论文被撤""韩春雨造假事件""北京电影学院性侵事件"等。

## 二、2017年中国群体性事件呈现的主要特征

（一）从事件类型来看，利益诉求类事件和理念伸张类事件是主体

从上文的论述可知，由征地拆迁、劳资纠纷、环境污染、业主维权等原因引发的群体性事件是当前现实领域中群体性事件的重要组成部分，教育、医疗、安全等领域的问题是网络群体性事件的聚焦点，将这些事件进行分类可发现，大都是基于利益诉求的事件和基于理念伸张的事件，而基于情绪宣泄的事件相对较少，基于权力指向的事件几乎为零。

基于利益诉求的事件主要表现为相关主体为了维护自身受损或可能受损的利益所采取的行动，与其他类型事件不同，这类事件目标指向明确，因而也容易将利益受损对象组织起来，最终形成群体性事件。其中，在当前经济仍存下行风险、发展不平衡问题突出的形势下，经济利益诉求是当前群体性事件形成的重要动因，在前文中所提到的征地拆迁、劳资纠纷、业主维权等大都属于此类。如2017年7月中旬，来自全国各地的近百家百度外卖代理商围堵了百度公司北京总部，他们喊出"李彦宏还钱"的口号，要求百度赔偿自己的损失；又如11月20日，云南省宣威市双河花月煤矿因债务纠纷引发一起群体性事件，导致3人受伤。这些事件的发生，起因都源于相关群体为了维护或争取自身的经济利益。除此之外，涉及环保、教育、医疗、安全等方面的利益诉求也不断增加。环保方面，基于环境污染对公众生产、生活、健康等造成的危害和破坏，以及近年来中央政府对生态文明建设、环

---

① 《2017年上半年教育领域热点舆情事件盘点》，http://www.eefung.com/company-news/20170803154006，2018年11月10日访问。

境治理举措和力度的加大，环境保护意识进一步在普通民众心中扎根，由此，公众为维护自身环境权益而组织的环境群体性事件频发高发，导致各地与环保有关的项目经常面临尚未开始便被叫停的窘境。如5月7日晚，广东清远约400名群众因垃圾焚烧发电项目选址问题陆续在市政府南广场聚集，要求政府重新考虑项目选址，最终迫使广东省清远市政府于5月10日通过微信公众号发布消息，将不在飞来峡镇石梨村片区规划建设垃圾焚烧发电项目。在教育、医疗和安全方面，线上和线下围绕红黄蓝幼儿园虐童事件、陕西榆林产妇坠亡事件、大学生李文星陷传销死亡事件、杭州保姆纵火案等展开了大规模的讨论和热议。这不仅反映了社会公众对这些跟自己直接或间接相关的问题的关注，也体现了公众在教育、医疗、安全等方面的诉求的增长和多元化。如何在提高人民收入的同时，满足人民多样化、多层次、多方面的美好生活需要，是一个亟待关注和解决的问题。

基于理念伸张的事件则主要表现为相关群体为了维护和追求某种理念和权利而采取的行动，一般来说，这类事件往往与利益诉求类事件相交织，通过经济、教育、环保等方面诉求的表达，来彰显公众对平等、公平、公正、法治等理念的追求。如2017年5月21日，吉林长春千余名一汽大众劳务派遣工人发起维权行动，要求实现同工同酬。看似是相关群体为了维护自身的经济利益而采取的行动，实则表达了公众对平等权益的追求。当然，并不是所有的理念伸张类事件都与利益诉求类事件相交织，也有诸多单纯出于理念伸张的事件，如2017年2月26日，20多名民众拉起写着"乐天支持萨德，马上滚出中国"的横幅聚集在吉林市江南乐天玛特超市前，用行动来表达他们的爱国理念和情怀。

（二）从参与主体来看，日益多元和复杂化

伴随群体性事件凭借手段的不断升级、权利目标指向的不断凸显，其参与主体也日趋复杂化和多元化。这种复杂化和多元化主要体现在以下几个方面：一是群体性事件的参与主体日益超出地理界限。这主要得益于互联网信息技术的快速发展和普及，公众不仅可以通过微信、微博、小视频等媒介发布信息和视频，还可以自愿参与线上申讨和动员以及线下群体行动。这一特点在2017年7月23日发生的江苏邳州一男子发朋友圈骂人引发的线上两省骂战和线下群众组团跨省寻人中得到充分体现。这一事件最初源于江苏邳州汤某为发泄个人不满，在微信朋友圈辱骂邻省山东郯城网民，随后，引发了诸多郯城网民的不满和骂战，并导致两省部分网民聚众滋事。二是群体性事件的参与主体横跨各阶层和各行业。一方面，事件的参与主体涉及各阶层。每一阶层都有自己的权益诉求，当自身的权益受到损害而未能通过制度化途径予以保护时，非制度化的途径便成了解决途径之一。由此，各阶层的人员都可能成为群体性事件的参与主体，如征地拆迁冲突中的农民、城市居民；劳资纠纷中的工人、农民工；医患纠纷中的医生、患者家属等，此外，教师、军人、业主等不同群体中都有为了维护自身权益而成为群体性事件的参与主体。而且，在各阶层共同的利益诉求面前，各阶层的群体还会联合起来，共同参与到请愿和抗议中去，这一特点在抵制环境污染项目中得到了充分体现。另一方面，事件的参与主体涉及各行业，既有第一产业、第二产业的，也有金融、物流、IT、娱乐等新兴行业。如2017年7月6日，演员郑某带人殴打群演并致其住院，引起众多群演愤慨，最终造成横店群体性事件的发生便是新兴行业发生群体性事件的例证之一。三是非直接利益诉求者卷入其中，有些人员为借机宣泄情绪，或抱着"看热闹不嫌事大"的心理围观或参与到群体性事件中，这一特点在网络群体性事件中表现得尤为明显。参与者日益复杂多元这一特征，不仅增加了地方政府处理群体性事件的复杂度和难度，对其回应机制和能力也提出了更高的要求。

### （三）从事件形态来看，网络群体性事件持续增长，线上线下互动增强

伴随互联网的发展和即时通信手段的推广和普及，普通民众已经习惯将发生在身边的事情随时发布于网上，并围绕热点问题发表看法、表达意见。由此，现实中的很多事件一经发布，很容易在网上持续发酵与放大，最终形成网络群体性事件。随着我国网民数量的不断增长，网络群体性事件不断增长的趋势仍会持续，其原因主要有：一是现实社会中利益表达机制不够健全，公众的利益诉求不能得到充分表达，而网络空间具有开放性、匿名性、互动性等特征，网民可以较少顾虑表达自我的真实想法、发泄自己的不满情绪，且网络空间的互动性强，网民容易找到跟自己有相似诉求和不满情绪的同道中人，从而有动力在相互支持中对相关事件进行围观或申讨，更有甚者，围绕相关事件，发表非理性的、偏激的言论并广泛传播，最终引发网络群体性事件。二是政府网络监管和舆情引导能力仍有待提升。网络群体性事件的发生对政府网络监管与治理能力提出了新的挑战和要求，但当前基层政府和一些领导干部仍存在对网络群体性事件认识程度不够、疏导理念缺乏、处理方法不科学等问题，过去所采用的围、追、堵、截等方法仍然存在，由此，不能有效降低网络群体性事件的发生数量。

在网络群体性事件不断增长的同时，群体性事件的线上线下互动性也逐步增

强，主要表现为：现实中的事件一经发生，网络往往成为事件发生发展的发酵厂、放大器，成为事件传播的平台和中心。① 之后，现实中进一步发展的群体性事件助推网络舆情的进一步发展。如2017年4月1日，四川泸县学生赵某在宿舍楼外死亡，因处理不当，引发群体聚集、警力封路，并经网络传播，使此事被推到全国舆论的风口浪尖。据悉，赵某身亡后，当地公安经调查认为其符合高楼坠亡特征，排除他杀，而有人质疑这一结果，聚集起来要求公开真相，此事在网上迅速传播发酵，出现"被殴打致死""公职人员子女参与""政府包庇"等各种不同说法，引发全国广泛关注和讨论。可见，在互联网时代，现实中发生的事件会很快在网上传播，形成线上线下两个舆论场，且两个舆论场往往紧密相连，互动密切。

### （四）从冲突程度和方式来看，暴力化程度有所下降，言语冲突日渐增多

从冲突程度来看，与以往群体性事件中暴力化程度较高的特点相比，2017年群体性事件的暴力化程度有下降之势。一方面，虽然过去形成的"大闹大解决，小闹小解决，不闹不解决"的逻辑依然在发挥作用，导致一些民众仍然抱着"闹大"的心理来处理问题。但不能忽视的是，随着法治国家、法治社会建设的持续推进，民众的守法、用法意识逐步增强，采用法律方式来解决问题或者采用集会、散步等相对和平和理性的方式来表达诉求和维护利益的意愿也得以提升。另一方面，近年来，政府回应群体性事件的机制有所优化，无论是在回应主动性上，还是在回应及时性、回应能力等方面有了较大进步，一定程度上降低了群体性事件的暴力化和扩大化。从冲突方式来看，其主要形式仍是请愿、上访、游行、集会、罢工、堵路、肢体冲突等传统的方式和手段，呈现出多样化的特征。但与以往不同的是，随着网络群体性事件的不断增加，言语冲突也日渐增多，网民因对某一事件的态度和观点不同，往往就此形成不同阵营，进而隔空对峙，互相骂战，且这种现象还呈现出蔓延与扩张之势。与以往占主要地位的肢体冲突相比，这种方式不容易造成冲突双方流血、伤亡等问题的出现，但却容易形成语言暴力，对当事人的心理、精神产生不良影响。如何让公众在网络空间就相关问题进行理性、有序的表达，政府和公众都有很长一段路要走。

---

① 许蓉佳：《网络群体性事件与政府舆情引导》，载《唯实》2010年第7期。

## 三、群体性事件治理的对策建议

从表面来看,群体性事件的发生大都是一些偶发因素引起的,但实质上却是社会转型期各种矛盾与问题的彰显,因而,对它的治理是一项复杂的系统工程,需政府、公众等主体从多维度、多层面予以着手,以期降低群体性事件发生的可能性或减少已发生的群体性事件的破坏性。

### (一)优化政府回应机制,防止群体性事件向扩大化、暴力化扩展

从上述诸多案例可以看出,政府回应不及时、方式不正确、主动性不够等是造成群体性事件错过最佳处理时机、不断被"闹大"的重要原因。要破解群体性事件"大闹大解决、小闹小解决、不闹不解决"的逻辑,还需政府在"紧张"之余不断优化回应机制,以防止群体性事件向扩大化、暴力化扩展。其一,要优化政府回应方式。在"稳定压倒一切"的考核机制下,地方政府往往视群体性事件为"毒瘤",经常不加区分地采用强硬驱散、逮捕拘留等刚性维稳手段,使得问题不但没能得到解决,还可能因此激化矛盾,导致破坏社会秩序事件的出现。因而,政府需调整回应方式,更多地采用对话、协商、谈判等柔性化方式来解决问题,这样既能保证政府维护社会稳定这一目标的实现,也能维护民众权益,增强政府公信力。其二,要提升政府回应的及时性。群体性事件刚萌芽时,一些部门往往采取消极不作为的态度,导致事件经常陷入"起因很小—政府反应迟钝"—"事态升级爆发"—"基层无法控制"—"震惊高层"—"迅速处置"—"事态平息"的怪圈。[①] 要打破这种怪圈,就需提升政府回应的及时性,当群体性事件发生时,政府就应迅速作出反应,并采取行之有效的措施处理问题,让事件在最小化状态得到解决,让民众的"闹大"思维逐步消除。其三,要增强政府回应的主动性。群体性事件发生后,政府积极主动地回应和解决人民群众面临的问题和表达的正当诉求,才能有效把握和控制事件的发展进程,反之,消极被动回应则容易让事件扩大化、失控化,对社会秩序与稳定带来不良影响。

---

① 黄豁等:《"体制性迟钝"的风险》,载《瞭望新闻周刊》2007年第4期。

(二)加强网络舆情的监管与引导,预防网络群体性事件的发生,弱化网络群体性事件的负面影响

作为群体性事件的新形态,网络群体性事件对现实社会生活的影响也不容小觑,它既可能导致现实中群体性事件的爆发,也可能助推现实中群体性事件的发展与放大,进而对社会生活与秩序造成不良影响。因而,面对当前网络群体性事件持续增长、线上线下互动增强的现实,寻求网络群体性事件的治理之策也是人们关注的焦点话题。一般来说,网络群体性事件可分为酝酿期、爆发期以及消退期。[①] 不同时期,网络群体性事件会呈现出不同状态、产生不同影响,这就需要政府相关部门加强对网络舆情的监管与引导,进而可以在不同时期采取不同应对举措,使网络群体性事件的影响尽可能最小化。其一,需从革新理念入手。相关部门、机构和人员应认识到网络舆情监测管理的重要性,牢固树立责任意识与安全意识,并依据《网络安全法》《互联网新闻信息服务管理规定》等法律法规实施监管行为,落实监管责任,提高舆情监管与引导水平。其二,需健全网络舆情监测与分析系统,及时、全面地收集舆情信息,并对其性质、倾向等进行分析与评估,对虚假、错误的信息和言论要及时予以澄清和回应,避免网络舆论走向异化导致网络群体性事件的发生或现实中群体性事件的扩大化。其三,需完善网络舆情引导机制。事件发生后,网络舆情初现时,相关部门要借用官方网络渠道、主流媒体、网站等力量,通过及时发布消息、公开事实以及跟进事件处理结果等措施引导公众正确、理性的表达,避免因传言、谣言等问题造成网络群体性事件的扩大和网络暴力的产生。

(三)基于群体性事件的新特征,逐步调整治理思维与策略

从上文的论述可知,当前群体性事件呈现出诸多的新特征、新态势,因而,寻求有效的群体性事件治理之策,还需依据群体性事件呈现的新特征而逐步转变治理思维与策略。首先,利益诉求类事件依然占比较大,这意味着公众的合理诉求缺乏制度化表达途径或通过制度化途径没能得到妥善解决,于是便选择非制度化途径予以解决,这就需要通过"正确树立广大人民群众开展民生政治参与的理念,拓宽民

---

① 韩宁:《网络群体性事件走向的影响因素及解决对策》,载《安徽行政学院学报》2018年第2期。

生政治参与的渠道,扩展民生政治参与的范围,加强民生政治参与的深度"[①] 等方式让公众的合理诉求得到畅通表达。同时,政府部门在了解公众的合理诉求后,要切实秉承以人为本、执政为民的理念,加快民生建设,使民众的合理诉求得到实现,从根本上消除引发群体性事件的动因。其次,当前,网络群体性事件暴力化程度有所降低,参与者懂法、用法水平提升,更加愿意采用对话、协商、谈判等相对理性的方式维护权益、解决问题,这就需要相关部门、领导干部、一般工作人员等与时俱进,主动采取对话、协商的方式来化解纠纷,坚持运用法治思维和方式来推动群体性事件的解决,尽可能地减少群体性事件对社会秩序的破坏性影响。除此之外,群体性事件还呈现出言语冲突增多、参与主体复杂多样等新特征,这不仅需要加强对网民的教育与引导,还需将线上引导、线下治理有机结合。总之,需要相关部门依据群体性事件呈现的新特征逐步调整治理重点、转变治理思维与策略,实现在维护社会和谐与稳定的过程中以最小化成本获取最大化收益的目标。

---

[①] 张明军、陈朋:《中国特色社会主义政治发展的实践前提与创新逻辑》,载《中国社会科学》2014 年第 5 期。

# 特约专栏

# 公共安全治理关键概念辨析

童 星[*]

**摘 要**：安全有两个维度，即从人与人关系中考察的安全（security）和从人与物关系中考察的安全（safety）。公共安全治理涵盖了风险治理、应急管理、危机治理等3个阶段、9个环节。其间关注的核心是排查危险源和消减脆弱性，从而建设富有韧性的社区和社会。基于人与物关系考察的安全工程科学和基于人与人关系考察的人文社会科学，对危险源、脆弱性、韧性也都有不同的理解。本文通过透视比较不同学科的相关认知，揭示它们对于公共安全治理的现实意义。

**关键词**：安全；危险源；脆弱性；韧性

如果说由贝克（U. Beck）、吉登斯（A. Giddens）、卢曼（N. Luhmann）等人创立并阐发的风险社会理论是宏观理论，揭示出了当代社会不同于传统社会和工业社会的特殊本质，具有普遍性强、解释力强的显著优势；那么笔者及其团队曾提出的"风险—灾害（突发事件）—危机演化连续统"则属于中观理论，较为具体地展示风险经过灾害或突发事件转化为危机的演进过程，并相应地构建了由源头风险治理、事发灾害救援或应急处置、事后危机化解合成的"全过程应对体系"。[①]然而，无论是理论自身发展的冲动还是应急管理实践的需要，都在呼唤微观层面的更为具体的理论创新。众所周知，任何理论在形式上都表现为一套结构完整、逻辑清晰的概念范畴体系。为此，我们对该领域已经成为实践热点和研究前沿的一系列关键概念，诸如安全、危险源、脆弱性、韧性等，先作一个多学科的透视比较，揭示它们对于公共安全治理的现实意义，同时为微观层面的理论创新做好铺垫。

---

[*] 童星，南京大学政府管理学院教授，博士生导师，主要研究领域：社会发展、社会保障、社会风险与公共危机管理等。

① 童星、张海波：《基于中国问题的灾害管理分析框架》，载《中国社会科学》2010年第1期。

## 一、安全

毫无疑问,"安全"是该领域最为重要的核心概念。上述"演化连续统"表现出的就是不安全,"全过程应对体系"究其本质就是公共安全治理。那么,什么样的状态才算安全呢?我们发现,"安全"在中文里是一个词,在英文里却有两个不一样的表达,而它们的含义大相径庭。

第一个英文表达是"security",指的是在人与人的关系中的安全。主要包括三种情况:①国家安全(national security),目前世界上最重要的人群共同体毫无疑问是国家,国家与国家之间就产生了主权、领土、资源等安全问题,国家安则国民安,国家不安则国民不安。②公共安全(political security),又译为社会治安、社会安全,现实中的人并非离群索居,无不具有社会性,人与人相处,群体与群体相处,就产生了公共秩序方面的安全问题,社会安定则人民安居,社会动乱则人民遭殃。③社会保障(social security)①,每个人在自己的生命周期和职业生涯中,在人与人的竞争关系中,总会出现生老病死、伤残、失业和职业病等安全问题,也需要认真对待,以解除人民群众的后顾之忧,有良好的安全预期。这三种人与人关系中的安全,通常都是人文社会科学研究的对象。

第二个英文表达是"safety",指的是在人与自然关系中、人与物关系中、人与技术关系中的安全。人来源于自然界,又时刻不能脱离自然界,必须服从自然规律;否则就要遭受惩罚,又哪来安全可言?!这种安全是理工科研究的对象,研究的成果集中体现为安全工程科学。理工科的研究水平通常要高于也精细于社会科学的研究水平,其中有许多地方值得社会科学研究者予以学习和借鉴。理工科尤其是安全工程科学对"安全"概念的认识并非一成不变,大体经历了以下三个阶段:①认定安全就是没有任何风险,没有任何隐患,确保不发生任何事故。②照此理解,有风险和隐患就是不安全。②后来发现上述理想状态实际上根本达不到,如果所有的风险和隐患都完全予以排除的话,那么人们就什么事情也干不成了,所以开始改为接受某些程度较低的风险,并事先做好充分的准备,一旦风险爆发,有一套有

---

① 该英文概念直译应当是"社会安全",但由于上述"公共安全"概念此前在国内已被通称为"社会安全",所以现在该概念就意译为"社会保障"。

② Nancy Leveson, A New Accident Model for Engineering Safer Systems, *Safety Science*, Vol. 42, Iss. 4, 2004, pp. 237-270.

效的应对办法即可。①也就是说,安全的对立面成了突发事件或灾害。③ 最后又发现,无论事先的设计多么精细、准备多么充分,事发时的应对多么及时无误,总难免发生预想不到的灾难,生产生活秩序和社区社会系统被完全打乱,这就需要依靠社区社会系统的自适应、自调整、自组织,以提高韧性,达致安全。②换言之,危机成了安全的对立面。

所以,按照安全工程科学的认知,风险、灾害(突发事件)、危机都是安全的对立面,相应的,公共安全治理也就有三个组成部分,即风险治理、应急管理、危机治理,如图1所示。基于这样的认知,实践中就可以分阶段地确定并落实公共安全治理的各个重要环节。

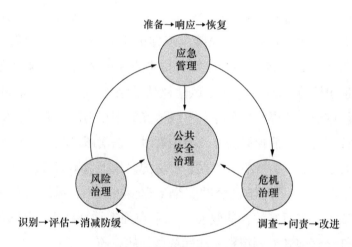

**图1 公共安全治理的过程框架**

尽管应急管理不等于应急处置,需要以突发事件(灾害)为中心,向前向后进行延伸,但既然称之为"应急管理",毕竟就有一定的时限要求,而不能无限度地向两端延伸。应急管理阶段主要包括3个环节:① 准备,即在事发前做好充分的准备,包括预案、队伍、资金、资源、装备、技术、场地等的准备;② 响应,既有灾害事件尽管没有发生,但根据监测数据已到达临界值时所进行的主动响应,也有在灾害事件发生后迅速开展救援抢险处置等被动响应,响应大体上等同于应急处置;③ 恢复,即在救援抢险处置等各项努力之后,旨在使社区社会环境和生产生活秩序恢复到响应前的原有状态的所有工作内容。

其后的危机治理阶段也包括3个环节:调查、问责、改进。现行的办法是将原

---

① Terje Aven, What is Safety Science? *Safety Science*, Vol. 67, 2014, pp. 15-20.
② 朱伟、刘梦婷:《安全概念再认识:从间接到直接》,载童星、张海波主编:《风险灾害危机研究(第4辑)》,社会科学文献出版社2017年版,第10—24页。

因调查纳入应急管理阶段，规定在 60 天内必须完成调查报告；有时调查结果尚未出来，行政问责就已开始。这种做法实际上是有问题的。严格的时限要求难以保证调查的独立和深入，继而难以保证问责的精准和改进的科学；甚至仅仅聚焦于对相关责任人的处理，却完全没有任何改进，最终导致同样的灾害事件重复发生，一再对人民群众的生命财产造成威胁。所以，调查、问责、改进等环节，应当从有时限要求的应急管理阶段中划出来，纳入危机治理阶段，通过独立的调查、精准的问责、科学的改进，旨在聚焦灾害学习、危机化解，真正实现消除原因，堵塞漏洞，排除隐患，拔掉病根，杜绝同样的灾害事件重复发生。

前期的风险治理阶段也有 3 个环节：① 风险识别，尽其所能地排查出一切风险、危险、隐患，这既需要根据以往的经验，更需要发挥想象力，充足的本土经验有助于识别出大概率的"灰犀牛"风险，识别极小概率的"黑天鹅"风险则需要依靠丰富的想象力；② 风险评估，对所有排查出来的风险、危险和隐患，必须逐一进行评价，得出风险等级；③ 根据风险评估的结果，分别采用消减防缓的办法予以处理，即能够消除的要坚决消除，不能消除的则尽力减量降等，对减量降等后的风险还要积极预防，不能掉以轻心，至于暂时无法消减防的风险，则一边采取延缓其爆发的权宜之计，一边积极力争在新方法的研发上取得突破。

在上述 3 个阶段、9 个环节的公共安全治理全过程中，风险治理—应急管理—危机治理循序渐进、周而复始，其效能和水平在周期循环中得以不断提升。其中，危险源和脆弱性是管理者需要特别关注的核心问题。

## 二、危险源

危险源，英文表达为"hazard"，释义是"a source of danger"，即危险的根源，又称风险源，与中文里的"隐患"一词含义接近。

首先，在不同学科视角下，对危险源概念的理解有差异。

在安全工程科学看来，危险源就是可能造成物质损失或者人员伤亡的潜在的不安全因素。危险源的构成要素主要有：① 潜在的危险性，指事故一旦发生，可能造成的损失和危害程度；② 存在条件，包括储存条件、防护条件、管理条件等；③ 触发因素，包括人为因素、管理因素、自然因素等。在学术发展过程中，安全工程科学开始向社会物理学方向延伸，逐渐形成了社会燃烧理论。[1]该理论由中国科

---

[1] 牛文元：《社会物理学与中国社会稳定预警机制系统》，载《中国科学院院刊》2001 年第 1 期。

学院已故院士牛文元于2001年提出，认定"社会燃烧"需要3大条件，即：①"燃烧物质"，指"人与自然""人与人"之间的不和谐关系；②"助燃剂"，指如社会谣言、媒体歪曲、恶意攻击等信息放大现象；③"导火索"或"点火温度"，如一定规模和影响的突发事件等。显然，这是在具体运用安全工程科学关于危险源的构成3要素。

在人文社会科学看来，灾害由危险源所引发，而危险源又与"事件"和"风险"相区分，因为危险源只是一种风险客体，并非是经组织与制度诠释或已经造成社会损失的现实。[①]危险源只是一个客体，它不带有程度高低和价值导向等意涵，而风险、事件、隐患等称谓都含有一定的程度高低和价值导向。

受社会冲突理论的影响，人文社会科学对危险源的理解后来发展为灾害关系链认知，这种影响尤其表现在尼尔·斯梅尔瑟（Neil Smelser）的加值理论（value-added）上。斯梅尔瑟在1963年出版的《集体行为理论》（*Theory of Collective Behavior*）中，基于集体行为分析的情感路径，利用加值理论来剖析集体行为，提出集体行动的要素除了结构诱因、结构压力、信念传播、触发因素、行动动员这5大要素之外，还有社会控制要素，包括对于结构诱因和压力的消减以及集体行动形成初期的控制等两个方面的能力。[②]

其次，在不同学科视角下，对危险源的分类也有差异。

在安全工程科学看来，危险源划分标准相对明确，分类体系也相对规范且具有操作性和实践指导性。危险源分类最早起源于化工行业的安全生产领域，依据生产工序、生产过程、能量意外释放来进行分解而得出可能带来灾难的各类源头。目前对危险源的分类主要有以下3种方法：① 根据《生产过程危险和危害因素分类代码》来分类，生产过程中的危险源分为6大类、37小类。6大类分别是物理性危险和危害因素、化学性危险和危害因素、生物性危险和危害因素、生理和心理性危险和危害因素、行为性危险和危害因素、其他危险和危害因素。② 根据生产作业过程划分，包括化学品类（易燃易爆性、腐蚀性等化学危险物质），辐射类（放射性、电磁波装置等），生物类（动植物等带有病原体的生物），特种设备类（大型机械、锅炉、管道等），电器类（发电厂、变压厂等），土木工程类（煤矿、水利、桥梁等建筑工程），交通运输类（飞机、汽车等）。③ 根据能量意外释放理论划分

---

① James F. Short, Jr., The Social Fabric at Risk: Toward the Social Transformation of Risk Analysis, *American Sociological Review* Vol. 49, No. 6, 1984, pp. 711-725.

② N. Smelser, *Theory of Collective Behavior*, The Free Press of Glencoe, 1963, pp. 15-17.

为两类：第一类危险源会意外释放能量或者危险物质，它自身可能会做功，决定着风险与事故发生的严重程度；第二类危险源是指导致第一类危险源失去限制和约束的所有危险源的总称，是围绕第一类危险源而可能发生的危险状况，包括人的不安全行为和物质所处的不安全状态，它决定着风险与事故发生的可能程度。第二类危险源又称为现实的危险源，即隐患。

在人文社会科学视角下，危险源分类则相对模糊和宏大，往往将危险源作为一种客观中性的状态与实体，企图更为全面地理解危险与风险之间的转换。目前使用较多的是大卫·亚历山大（David Alexander）首创的三分法：自然危险源（natural hazards）、科技危险源（technological hazards）和社会危险源（social hazards）。[①]危险源是客观存在的现实，而非人们的价值选择。在后来的危险（源）属性的分析脉络上，有两个理论分支贡献巨大。其一，风险社会理论。该理论拓展了人们关于危险源的认识范围，认定在风险社会中，危险源的"人化"特征与不确定性增加，从而改变了人们以往对危险源的认知。其二，风险的社会建构理论。持这一观点的学者认为，风险社会理论过于"抽象而难以操作"，于是将危险源的分析置于社会组织层面，其核心观点是：危险源不再被简单认为是客观的，而是社会行动主体的感知产物。这样一来，危险源不再仅仅存在于自然—科技领域和社会层面，也被扩展为人们制造出来的风险和感知到的危险。相应地，危险源也从造成灾害的单一自变量变成了受社会层面与建构层面影响的因变量，危险源便具有了主客观连续统的属性。灾害的危险源分析视角认为，极端事件是灾害发生原因光谱（reason spectrum）上的一部分，而不是原因光谱的最后一环（end of the reason spectrum）。[②]

在中国公共管理话语体系中，人文社会科学的"风险"一词与安全工程科学的"隐患"一词，常常指代着危险源，具有涵盖多重客观危险之意。认识风险与排查隐患成为制定应急预案的前提。这个道理，古人就懂。

罗贯中《三国演义》第105回讲述了诸葛亮临终，遗杨仪一锦囊，嘱曰："若魏延造反，临阵对敌之时，方可开拆，便有斩魏延之计"；并授马岱以密计潜伏在魏延身边。待杨仪、姜维与魏延、马岱对阵时，杨仪读罢锦囊计策，已知伏下马岱在彼，故依计而行，果然杀了魏延。后人有诗曰："诸葛先机识魏延，已知日后反西川。锦囊遗计人难料，却见成功在马前。"用现在的语言来描述，诸葛亮的"锦

---

[①] D. Alexander, *Confronting Catastrophe*, Oxford University Press, 2000, pp. 7-10.

[②] R. W. Perry, What is a disaster? in H. Rodriguez, E. L. Quarantelli, R. R. Dynes (eds.), *Handbook of Disaster Research*, Springer, 2005, p. 9.

囊遗计"就是危险源识别精准、水平一流的"应急预案"。

相对于诸多不确定、不可预见的风险而言，隐患是一种已经被识别到的风险，需要有更积极主动的作为来消除。在中国政府应急管理实践中，为了进一步落实安全管理责任制度，实现"源头治理"的要求，一直重视通过专项治理行动，在重点行业和重点领域开展针对自然灾害、安全生产、社会安全和公共卫生风险的隐患排查与治理工作。隐患排查旨在对所处区域的各类系统或各个领域存在的可能导致灾害危机的所有隐藏的风险进行识别、评估与消减防缓。隐患排查及治理是常态期公共安全治理的重要组成部分，做好隐患排查及治理工作有助于减少灾害危机发生的可能及其损失。隐患排查已成为中国应急管理制度建设中的风险管理的核心内容，力图通过专门性的隐患排查体制、机制建设，重点对工矿企业、交通运输企业以及其他行业和领域近年来发生重特大事故的单位，辖域内的各类自然灾害风险、公共卫生以及社会安全状况进行排查，形成相应的登记备案与责任机制，从而实现从源头上对相关风险进行排查整治。

为了增强源头风险治理的主动性，在实践中又探索出较完整的风险评价制度建设体系。风险评价的对象是重大政策决策和重大建设项目，风险评价的内容有4项：① 经济效益风险评价，取"内向＋社会"的维度，受开发主义驱动；② 技术安全风险评价，取"内向＋自然"的维度，受科学主义驱动；③ 环境影响风险评价，取"外向＋自然"的维度，受生态环保主义驱动；④ 社会稳定风险评价，取"外向＋社会"的维度，受公平正义观和后物质主义的驱动。虽然这4项风险评价的功能各异，但它们存在着内在的关联性：经济效益风险评价是基础，技术安全风险评价是保障，环境影响风险评价是深化，社会稳定风险评价是归宿。[①]

在隐患排查和风险评价中，还形成了风险管理的若干政策工具。例如，为了扭转早期大规模预案体系建设中存在的预案符号化和实用性缺失等问题，2013年，国务院办公厅印发了《突发事件应急预案管理办法》，明确提出："编制应急预案应当在开展风险评估和应急资源调查的基础上进行"。此举为风险分析与管理提供了前所未有的发展空间，风险分析的技术工具如风险地图（risk map）应运而生。它是以地图为载体，将关键风险信息做可视化显示，即对关键风险评估结果信息的地图表达，[②]应用于辅助决策。风险地图采用地理信息技术，结合测绘数据，通过计算

---

[①] 童星、张乐：《重大邻避设施决策风险评价的关系谱系与价值演进》，载《河海大学学报（哲学社会科学版）》2016年第3期。

[②] 沙勇忠、徐瑞霞：《3D风险信息地图的结构模型及应用》，载《情报科学》2010年第12期。

机的处理，动态地展现风险实况。它不仅可以使公众和政府决策人员直观地得知某区域的风险信息，还可以对现有的风险进行评估，快速作出风险预防决策。①

## 三、脆弱性

综上可知，从对危险源的认知尤其是分类方法来看，安全工程科学日益走向技术化与实证化，而人文社会科学则走向叙事化与建构化，二者在理论对话上产生了极大的困难。为了建立话语体系的良好沟通，基于脆弱性视角的公共安全治理研究便蓬勃发展起来。

"脆弱性"（vulnerability）又译为"易损性"，这是一个极具张力的词汇，意指"被伤害"或面对攻击而无力防御。②在实践和研究中，脆弱性一般被定义为暴露于自然危险源之下而没有足够能力来应对其影响。脆弱性概念最早出现在工程领域，而后被人文社会科学家们扩展到社会—经济与政治—制度层面。曾有学者列出了学界关于脆弱性的多达25种以上的定义。③

20世纪70年代，脆弱性概念被引入灾害社会科学，早期被定义为影响社会在面对自然灾害时的应对与恢复能力的限制因素；后来被用作测量社会及其群体暴露于风险的程度，成为一种"测量工具"。自90年代以来，学界开始关注个人能力在灾害反应和恢复中的作用，脆弱性又被用作表征不同群体或个人在处理危险或事件时的能力差异。④

在科学技术研究传统下，脆弱性的定义常与技术—工程—自然要素相结合。例如，地理学认为脆弱性由高风险区域所决定；气象学认为脆弱性是由于缺乏恶劣天气的预警系统；工程学认为脆弱性同构造结构无法抵抗灾害破坏力相关；环境科学认为环境退化可能导致气候变化和长期灾害，其本身就是脆弱性的重要表现；流行病学则认为营养不良与其他健康因素的差异导致群体面对灾害时的脆弱性不一。总之，在科学技术研究传统看来，加强土地使用规制，建立和有效利用预警系统，提升建筑物的防灾级别，加强资源和环境保护等，皆可作为干预灾害脆弱性的路径

---

① 贺桂珍、吕永龙：《风险地图——环境风险管理的有效新工具》，载《生态毒理学报》2012年第1期。
② K. S. Lundy, S. Janes, *Community Health Nursing: Caring for the Public's Health*, Massachusetts: Jones and Bartlett Publishers, 2009, p. 616.
③ S. B. Manyena, The Concept of Resilience Revisited, *Disasters*, Vol. 30, Iss. 4, 2006, pp. 433-450.
④ M. J. Watts, H. G. Bohle, The Space of Vulnerability: The Causal Structure of Hunger and Famine, *Progress in Human Geography*, Vol. 17, Iss. 1, 1993, pp. 43-67.

选择。

在人文社会科学研究传统下，脆弱性的定义则常与结构—功能—制度—文化相关联。例如，人类学认为脆弱性源于价值观、态度、实践方面的限制；经济学认为脆弱性同贫困有关，从而导致某些人群在灾害预防、整备、恢复方面的能力缺乏；社会学从社会结构切入，认为脆弱性与群体的种族、性别、年龄、健康等要素相关；心理学认为脆弱性是人们轻视风险并无法很好地处置环境压力；政治学从政治结构、决策行为以及政策执行过程等方面识别脆弱性；在法学视角看来，脆弱性源于对法律执行的忽视；新闻学则认为脆弱性是由于对灾害危险源认知和应灾意识缺乏而造成的。总之，在人文社会科学研究传统看来，改变人们的风险态度，优化社会结构，关注社会弱势群体，加强心理引导，完善政治系统结构并加强防灾减灾政策的执行，消除灾害迷思（disaster myth）并提升媒体能力以教育公众等，都是消减灾害脆弱性的重要方式。

如果说，由于安全工程科学和人文社会科学所理解、所言说的危险源大相径庭、难以对话，那么，无论哪种危险源一旦转化为灾害，都要依赖脆弱性作为中介，才会对人们的生命财产和社区社会的秩序造成伤害。因此，防灾减灾救灾的重点就由风险隐患排查转到了脆弱性消减方面，即以"不变"（脆弱性的消减）应"万变"（各式各样不确定的危险源）。这样一来，科学技术研究传统和人文社会科学研究传统就有了沟通、对话、合作的基础。

随着脆弱性研究的深入，该概念本身的结构与过程演进也有了丰富和发展，并逐渐形成以"风险—危险"模型和"压力—释放"模型为代表的理论框架。

其一，"风险—危险"模型（Risk-Hazard Model，RH 模型）源于自然灾害研究的地理学传统，主要理论贡献者是怀特（G. White）和巴顿（I. Burton）。该研究路径强调灾害后果是自然因素与社会因素相互作用的结果。RH 模型将极端事件的影响分为两个组成部分，即面对危险的暴露程度和特定人群的敏感性，[①]二者是评估灾害影响的基本依据，于是脆弱性被视为具有静态性与结果导向性。

其二，面对 RH 模型无法回答和解释的相关问题，如"为什么特定人群处于更易于遭受灾害影响的境地？""他们是怎样变得脆弱的？""哪种人群才是脆弱的？"等，脱胎于结构主义和新马克思主义的美国政治经济学，将脆弱性研究引入政治—

---

① 敏感度（sensitivity）概念源于医学，后被广泛用于投资项目的经济评估中：若某参数的小幅变化能导致经济效益指标的较大变化，则称此参数敏感度高，否则敏感度就低。仿此（反向），在灾害研究中，若小幅的灾变能导致承灾体较大的损失，则称此承灾体敏感度高，否则敏感度就低。敏感度与脆弱性呈正相关关系。根据此原理，可以利用或设计某些设施，以其高敏感度来对灾害及其前兆进行监测预警。

经济或政治—生态的理论框架下,强调对社会和经济过程的分析,构建了"压力—释放"模型(Pressure and Release Model,PAR 模型)。PAR 模型由维斯勒(B. Wisner)、布莱克(P. Blaikie)和坎农(T. Cannon)等人提出,重点关注脆弱性的产生原因和灾害发生之间的互动关系。该模型更加强调动态性,认为灾害的发生是两种相对力量共同作用的结果;力图说明政治与经济背景是灾害发生的根本原因,这些背景因素同时又塑造了人和组织在灾害中的行为反应。

PAR 模型与 RH 模型相似之处在于都将自然属性与社会属性相结合作为灾害发生的存因考察;所不同的是 PAR 模型更加注重对灾害的社会存因的互动过程分析。政治与经济因素被认为是灾害发生的深层社会因素;政治与经济因素通过影响人们在权利和资源方面的可得性,进而形成如缺乏技能、投资、训练等方面的"动态压力",最终将某些人群暴露于不安全的情形下,例如处于危险的空间布局下,低收入与高生活风险,缺乏有效的灾害应急准备与措施等;不安全情形与灾害事件的共同作用导致特定人群的受灾状况。与 PAR 模型相对应的是可及性模型(Access Model),该模型作为 PAR 模型的补充,揭示了权利、资源在不同人群之间的分配过程。此外,PAR 模型还具有管理意义,模型中的"释放能力"就是强调通过一系列的政策行为来减少灾害的影响。

在政策工具产出层面,为了满足地区间脆弱性程度比较的需要,出现了脆弱性指标化与量化研究;随着地理信息系统(Geography Information System,GIS)在灾害研究领域的应用,脆弱性区域制图也被认为是社会科学与自然科学相结合而形成的有效分析工具。在脆弱性指标建构上,以苏珊·科特(Susan L. Cutter)为代表的社会脆弱性指数(Social Vulnerability Index,SoVI)研究影响最广,该研究以美国为样本,利用人口普查数据,对美国各州的社会脆弱性状况进行比较研究。社会脆弱性被分为多个维度来进行测量,包括个人健康、年龄、建筑密度、单个部门经济依赖性、住宅与租用权、性别、种族、职业、家庭结构、教育、公共设施依赖程度等,都成了社会脆弱性指数的构成基础。社会脆弱性指数可用于脆弱性程度的地区间量化比较分析,它的重要功能是用于估计灾害可能造成的各种潜在影响,从而在管理和政策层面进行相关的事前干预。

## 四、社会韧性

不同学科与理论流派对于危险源与脆弱性概念的解释与整合,其重要目标在于建构一套解释灾害危机何以发生的学术话语,并基于不同话语来提升灾害危机应对的能力即抗逆力，并且在政策层面越来越关注增强恢复的能力即恢复力，倡导建设"韧性社区"。

其实，抗逆力、恢复力、韧性译成英文，都是同一个单词"resilience"，它来源于拉丁语"resilo"，意思是"反弹"。从中文字面上看，抗逆力是指灾害到来时保持原有状态的能力，恢复力则是指受灾遭到破坏后变回原有状态的能力，二者的视角和着力点不同，而系统抗逆力、恢复力的增强，就意味着该系统具有良好的韧性。

近年来，"resilience"逐渐成为灾害研究的热点，也被引入政策实践。联合国世界减灾大会（WCDRR）通过的《2005—2015年兵库行动框架》（Hyogo Framework for Action 2005-2015）和《2015—2030年仙台减少灾害风险框架》（Sendai Framework for Disaster Risk Reduction 2015-2030），都提出提高国家和社区的抗逆力，并将提高受灾地区的恢复力作为减灾目标。显然，抗逆力、恢复力同脆弱性、敏感度呈反向关系。

目前，对"抗逆力"的概念尚未有统一的定义，不同的团体组织对抗逆力的界定不同。例如，联合国国际减灾战略署（UNISDR）认为，抗逆力是"一个暴露于危害之下的系统、社区或社会通过保护和恢复基本结构和功能等办法，及时有效地抗御、吸收、适应灾害并及时从灾害中恢复的能力"；美国国家咨询协会（NNRC）认为，抗逆力是积极应对压力的能力，将其界定为"能够适应压力……在灾害发生时或灾后，具有抗逆力的系统或社区能够继续发挥功能，或者快速恢复其受损功能……社区或城市忍受灾害并从灾害中恢复的能力"。综合来看，对抗逆力的定义主要有四种倾向：① 抗逆力是组织或系统的内在特质；② 抗逆力是组织或系统适应灾害的能力；③ 抗逆力是组织或系统的灾后恢复能力；④ 抗逆力是组织或系统的学习能力。①

与"脆弱性"一样，"韧性"也是最近10多年来灾害研究的热门关键词，"脆弱性"出现在前，"韧性"出现在后。"韧性"一般都同应对与恢复能力（capacity）和适应力（adaptability）联系在一起，较为典型的如威尔达夫斯基（A. Wildavsky）将"韧性"定义为"非预期危险成为现实后的应对能力和迅速反弹"②；路易斯·康福（Louis K. Comfort）将"韧性"定义为"利用现存资源和技能以适

---

① 王艳、张海波：《灾害抗逆力：定义、维度和测量》，载童星、张海波主编：《风险灾害危机研究（第4辑）》，社会科学文献出版社2016年版，第37—51页。

② A. Wildavsky, Trial Without Error: Anticipation Versus Resilience As Strategies For Risk Reduction, in M. Maxey, R. Kuhn (eds.), *Regulatory Reform: New Vision or Old Course*, Praeger, 1985, pp. 200-201.

应新的系统和操作环境的能力"①。

"脆弱性"和"韧性"这两个概念之间的关系主要区分为两种情况：其一，二者分别处在同一连续统的两极：一极为脆弱性，即导致灾害的原因；另一极则是韧性，即抵抗与应对灾害的能力。脆弱性更多的被认为是暴露于危险中，而造成群体处于危险境地的原因就在于社会、经济、政治、技术、地理区位等因素。从灾害管理周期角度上看，脆弱性关注的是减灾（mitigation）阶段，而韧性关注的是灾害发生后的应对与恢复阶段。其二，二者相互包含。一方面，脆弱性包含韧性，韧性是构成脆弱性的一个因素，脆弱性和韧性在能力层面上达成统一。也就是说，脆弱性的定义中同时包含了负面和正面双重作用，它是二者相互作用的结果。另一方面，韧性同样也可以包含脆弱性。脆弱性在韧性社区建设实践中，被当作一种评估与测量工具。互为包含的关系形成了"韧性是脆弱性的一部分，同样脆弱性也是韧性的一部分"。

总之，作为一个具有综合性的概念，韧性来源于工程力学，被视为一种恢复原状的能力。韧性概念在不同的专业领域都有应用。从防灾减灾角度来讲，韧性是指人、家庭、社区、城市乃至国家面对周期性突发事件时，以减低长期易损性和促进包容性发展的方式，来抵御、适应灾害的冲击和影响并予以恢复的能力。韧性包含两种含义：一是能够从环境变化和不良干扰中回归的能力；二是对于灾害的预防、准备、响应行动及迅速恢复的能力。

美国跨学科地震工程研究中心（MCEER）从三个角度阐发韧性：① 建构了4R模型。20世纪90年代末，MCEER在测量韧性的过程中识别韧性的构成要素，认为具有韧性的社会组织能够在面临地震打击时，减轻或者吸纳地震产生的消极影响，并通过一系列的措施使社区从地震中恢复。他们提出了促使社区从地震中快速恢复的4个要素：鲁棒性（robustness，又译为健壮性）、冗余性（redundancy）、富足性（resourcefulness）和快速性（rapidity），简称4R模型。② ② 提出了TOSE模型。MCEER还认为韧性可以存在于4个系统中：技术性（technical）、组织性（organizational）、社会性（social）和经济性（economic），简称TOSE模型。③ ③ 区分了内

---

① L. K. Comfort, et al., Reframing Disaster Policy: The Global Evolution of Vulnerable Communities, *Environmental Hazards*, Vol. 1, Iss. 1, 1999, pp. 39-44.

② M. Bruneau, et al., A Framework to Quantitatively Assess and Enhance the Seismic Resilience of Communities, *EERI Spectra Journal*, Vol. 19, No. 4, 2003, pp. 733-752.

③ Kathleen Tierney and Michel Bruneau, Conceptualizing and Measuring Resilience: A Key to Disaster Loss Reduction, *TR News*, No. 250, 2007, pp. 14-17.

源性韧性与适应性韧性。MCEER 的成员亚当·罗斯（Adam Rose）在研究韧性的测量时，将其区分为内源性韧性和适应性韧性。内源性韧性是指在灾害发生时，家庭、公司、社区等不同经济体充当力量来源的特质，类似于 4R 模型中的"鲁棒性"，被译为"抗逆力"较为合适。对于家庭来说，内源性韧性建立在家庭收入、存款、固定资产等经济来源基础上，也包括家庭应对灾害的相关计划或安排。对于公司来说，内源性韧性建立在庞大的公司资产、市场导向多元化、公司间互相帮助的协议等要素基础上。而适应性韧性则指灾害发生时社会组织凭借其努力和独创精神，以克服灾害的消极影响，类似于 4R 模型中的"冗余性"和"富足性"，被译为"恢复力"较为合适。[1]内源性韧性与适应性韧性的分类法，同笔者曾经将应急管理能力分为潜在的能力与现实的能力，[2]有异曲同工之效。

综上，社会系统或社区的韧性即弹性，可以被理解为这样的能力：通过适应或抵制来预测、最小化和吸收潜在的压力或破坏力；在灾难性事件中管理或维护某些基本功能和结构；事件发生后迅速恢复或"反弹"。所谓韧性社区，即指长期适应灾害高发的环境，具有较高的预测预警和反应协调能力，能在灾时不完全依赖外界救援，通过自身防灾韧性，使空间环境、社会结构等方面恢复到灾前状态，并能通过吸取灾害经验，进一步提高防灾韧性的社区。[3]

韧性概念的综合属性及其政策应用，正在为新时期公共安全治理提供着重要政策指导，其突出的表现是落实了灾后可持续恢复。所谓可持续恢复（sustainable recovery），是指由利益相关者以高于物质重建的方式将受灾的社区和区域恢复到灾前水平的过程；也就是将灾后恢复与可持续发展相结合的灾后恢复理念和方法。灾后可持续恢复需要提高居民的总体生活水平，发展地方经济，提升环境质量，以求达成恢复后的社区比灾前更适合生活、工作和休闲，并对灾后恢复长期过程中的群体生活质量持续地予以高度关注。

早期关于灾后可持续恢复的研究，多是基于美国州和地方政府向联邦申请援助或联合国国际援助的经验，主要强调层级结构下受助方的需求匹配、组织能力、自力更生等因素。近些年来，灾后恢复的一个重要变化就是援助方的多元化，恢复成了一个复杂的交互过程，不同能力与需求的组织在技术、经济、社会等一系列议题上的互动对不同的群体产生了不同的影响。同时，在巨灾的情境下，灾后恢复必然

---

[1] Adam Rose, Defining and Measuring Economic Resilience to Disasters, *Disaster Prevention and Management: An International Journal*, Vol. 13, Iss. 4, 2004, pp. 307-314.

[2] 张海波、童星：《应急能力评估的理论框架》，载《中国行政管理》2009 年第 4 期。

[3] J. Twigg, Characteristics of a Disaster-Resilient Community: A Guidance Note (version 2), 2009.

是多元主体的参与过程，灾后的可持续恢复也只能通过利益相关者之间的互动来获得。

值得强调的是，中国汶川地震的灾后重建创造了可持续恢复的最新经验。2008年5月12日，汶川特大地震爆发，在紧急抢险救援尚未完全结束之际，9月19日国务院就印发《汶川地震灾后恢复重建总体规划》，加上10个专项规划、川甘陕3个灾区省年度实施计划、51个重灾县（市、区）具体实施规划，形成了科学的规划体系；中央财政专拨3000亿元建立灾后恢复重建基金；党中央、国务院启动对口支援机制，19个对口支援省（直辖市）全力以赴，共实施对口支援项目4121个，安排资金843.8亿元，还与受援地建立了长效合作关系；三年重建任务两年基本完成，实现了"家家有房住，户户有就业，人人有保障，设施有提高，经济有发展，生态有改善"的重建目标。[①]民间普遍反映，灾前该地区落后全国平均水平20年，经过灾后重建，则超前全国平均水平20年，充分体现了举国体制"集中力量办大事"的优越性和"一方有难、八方支援"的精神风貌。

韧性也意味着一种制度自信、文化自信。本文的行文主要以自然灾害和事故灾难类突发事件的治理为例，然而，公共卫生事件和社会安全事件同自然灾害和事故灾难具有共性，对它们的治理在本质上都是公共安全治理，因而"事异道同"。如今，中国社会主要矛盾已经转化为人民日益增长的美好生活需要和不平衡不充分的发展之间的矛盾，在这种背景下，更需要加强社会韧性的建设，确保中国社会在面对任何灾害危机时都能够"打不垮、挺得住"，真正实现国泰民安！

---

① 国家发展和改革委员会：《汶川地震灾后恢复重建主要进展情况》（2011年5月10日）。

# 改革开放 40 年中国农村社会矛盾冲突的特点及演进趋势

## ——基于 CiteSpaceⅢ 的可视化研究*

文 宏 杨 康 李玉玲**

**摘 要**：经过 40 年的改革发展，我国农村社会经济发生了剧烈而深刻的变化。与此同时，农村社会矛盾也呈现出多发态势，成为影响我国社会稳定的重要因素。正视农村社会矛盾特征，认识农村社会矛盾的演进趋势，把握农村社会矛盾的发展规律，有利于化解农村社会矛盾，推动改革发展持续深化，促进乡村振兴战略的实现。为此，基于 CiteSpaceⅢ 可视化文献分析软件，分析国内学者改革开放 40 年来农村社会矛盾研究文献，探析农村社会矛盾冲突的特点和演进趋势，发现农村社会矛盾冲突演进趋势呈现出法治色彩更加浓厚，冲突趋势逐渐趋缓，冲突主体由松散群体转变为紧密群体，矛盾冲突行动议题指向出现变化等特性；农村社会矛盾议题和农民的抗争维权方式出现不同的演进趋势。

**关键词**：农村社会；矛盾冲突；改革；乡村振兴

2018 年是中国改革开放 40 周年，回顾改革发展历程，我国农村经济体制、社会结构发生巨大变革，相对封闭保守的生活方式与思想观念受到冲击，农村社会不稳定因素增多，农村社会纠纷呈现多发态势。不同形式的社会矛盾成为影响农村稳定的重要因素，制约着我国乡村振兴战略的贯彻实施，阻碍我国社会主义现代化进

---

\* 基金项目：国家社科基金重大专项课题"社会稳定风险及对策研究"（项目编号：17VZL017）阶段性成果。
\*\* 文宏，华南理工大学公共管理学院教授，华南理工大学社会治理研究中心常务副主任，主要研究领域：社会风险与政府治理；杨康，华南理工大学公共管理学院研究助理，主要研究领域：社会风险与政府治理；李玉玲，华南理工大学公共管理学院研究助理，主要研究领域：社会风险与政府治理。

程的持续推进。与日俱增的农村社会矛盾,使得农村社会治理面临着更加严峻的挑战。目前,我国大约拥有5.77亿农村人口①,农村社会矛盾的爆发必将带来严重的社会失序问题,农村社会矛盾的解决不仅关乎农村社会的和谐发展,还关系到我国全面建设社会主义和谐社会目标的实现。分析农村社会矛盾,创新农村治理理论与制度,是有效解决当前农村问题的迫切要求。正确认识农村社会矛盾,把握农村社会矛盾的阶段特征,对于提高农村社会风险防控的针对性,降低农村社会风险具有重要意义。

基于农村社会矛盾的重要性,笔者以改革开放历程为时间主线,聚焦我国农村社会矛盾冲突的发展特征,运用文献计量分析方法,借助CiteSpaceⅢ可视化文献分析软件进行知识图谱分析,深入挖掘并结合高频关键词和重要节点文献的判读,提炼出我国农村社会矛盾冲突的固有特征,分析我国农村社会矛盾的演进趋势,探讨我国农村社会矛盾冲突领域未来可能的研究方向。

## 一、文献来源与研究工具

### (一) 文献筛选情况

本研究主要考察国内学者关于中国农村社会矛盾冲突及其治理的研究现状,故选择以中国知网(CNKI)数据库为检索源获取样本文献数据。由于国内学者对农村社会矛盾冲突研究领域比较宽泛,既包括农村社会矛盾、社会冲突,又包括农村群体性事件和农民抗争等领域。故本文以"农村社会矛盾""农村社会冲突""农村群体性事件"和"农民抗争"等关键词进行搜索,共检索到864条结果②。为了最大程度地确保研究的可信度,笔者对文献来源进行优化处理后③,得到463篇核心文献;同时为了尽可能地减少不相关文献的干扰,删除重复、无摘要、无关键词以及非研究类文献后,共剩余320篇核心文献。将剩余的核心文献以Refworks格式存储为txt文本,进一步利用CiteSpaceⅢ可视化软件对文献进行统一的处理后,最终得到316篇关于农村社会矛盾研究领域的核心文献,作为本文的研究分析样本源。

---

① 数据来源:国家统计局《中华人民共和国2017年国民经济和社会发展统计公报》,发布时间:2018年2月28日。

② 检索时间:2018年8月11日。

③ 剔除非公共管理领域、非核心期刊或非CSSCI来源期刊,由于1992年之前没有核心与非核心之分,故笔者将1992年之前的期刊全部视为核心期刊处理。

## (二) 研究工具

本文的研究工具为 CiteSpace Ⅲ 可视化文献分析软件。CiteSpace Ⅲ 通过对相关领域论文的标题和摘要中词汇频率进行统计并聚类分析后,可以得到主题、关键词或 WoS 分类的共现分析,并以可视化的方式呈现出来。经过陈超美教授多年的探索和技术改进①,CiteSpace Ⅲ 得到不断升级,功能不断优化,已经成为文献资料分析中最具特色和影响力的可视化分析软件②。通过 CiteSpace Ⅲ,可以识别在一定时期内所选文献代表的学科领域的发展动态,可以把握知识领域中未来潜在的研究趋势。本文借助 CiteSpace Ⅲ 可视化文献分析软件,对样本文献进行关键词的共词分析,并进行可视化呈现,以期探索出我国农村社会矛盾冲突的热点趋势与研究前沿焦点。

## 二、农村社会矛盾冲突的热点特性

为了更加精准地分析我国农村社会矛盾冲突研究演进趋势,探究当前学术研究热点,笔者对样本文献进行高频关键词共现聚类分析,聚类结果如图 1 所示。在共

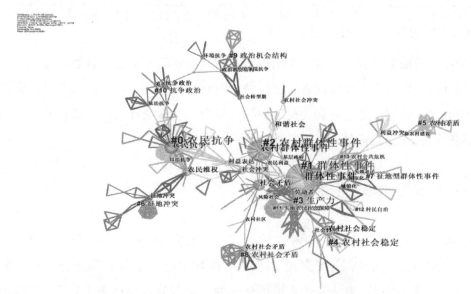

**图 1 农村社会矛盾或冲突研究高频关键词共现聚类图**
资料来源:本图是笔者运用 CiteSpace Ⅲ 对 316 篇核心文献进行可视化操作的结果,由 CiteSpace Ⅲ 软件自动生成。

---

① 李杰、陈超美:《CiteSpace:科技文本挖掘及可视化》,首都经济贸易大学出版社 2016 年版。
② 侯剑华、胡志刚:《CiteSpace 软件应用研究的回顾与展望》,载《现代情报》2013 年第 4 期。

现聚类图中,共词图谱一共有517个网络节点,934条线。图谱中聚类集群周边的关键词网络比较密集,与周围聚类集群的关键词联系较为密切,反映了关键词之间的"分层"特征。此外,共现聚类图的 modularity 值为0.8652,在0与1之间并大于临界值0.3,说明关键词之间党的社团结构明显,聚类效果较好;silhouette 值为0.6884,大于临界值0.5,由此可证明聚类结果的合理性。笔者认为仅仅从关键词共现聚类图中很难得到热点词所涵盖的一些具体信息,故笔者将聚类名称与子聚类相结合(见表1),以深入分析每个聚类名称所涵盖的具体内容。

表1 农村社会矛盾或冲突研究的关键词聚类表

| 轮廓值 | 聚类编号 | 聚类名称 | 子聚类名 |
| --- | --- | --- | --- |
| 0.955 | #0 | 农民抗争 | 以法抗争、农民上访、农民维权、非抗争政治等 |
| 0.908 | #1 | 农村社会冲突 | 冲突管理、土地冲突、风险社会、社会冲突等 |
| 0.856 | #2 | 农村群体性事件 | 基层政府、农民利益、社会矛盾、服务型政府等 |
| 0.896 | #3 | 生产力 | 乡镇企业、生产力、财政管理、收入等 |
| 0.924 | #4 | 农村社会稳定 | 纠纷解决机制、社会稳定、社会转型、乡镇政府等 |
| 0.985 | #5 | 利益冲突 | 农村矛盾、新农村建设、行政机关、民事纠纷等 |
| 0.977 | #6 | 征地冲突 | 土地利用计划、土地违法、土地增值收益分配等 |

资料来源:本表内容是笔者运用 CiteSpaceⅢ对316篇核心文献进行可视化操作后,根据高频关键词共现聚类图和生成的关键词聚类整理而成的。

按照上述研究过程,笔者探索出中国农村社会矛盾冲突的主要表现形式,即中国农村社会矛盾冲突主要体现在农民抗争、农村社会冲突、农村群体性事件以及征地冲突等多个领域。通过对相关文献的深入分析,笔者发现国内学者对农村社会矛盾冲突的研究演进趋势呈现以下特点。

## (一)法治色彩逐渐浓厚

聚类#0的标题是"农民抗争",轮廓值为0.955,共有46篇文章,包含农民上访、以法抗争、农民维权等子聚类。改革开放40年来,农民的抗争方式和抗争范式在不断地发生变化,其中一个重要的变化为"法"在农民抗争中的工具性作用越来越明显,农民抗争中"法"的色彩愈发明显。改革开放后,虽然我国总结了历史经验,将依法治国作为我国治国安邦的基本方略,持续加强社会主义法制建设。然而,法律在社会生活中的权威确立,经历了不断推进的发展历程,公民法治意识淡薄、司法信任缺失等问题不同程度地存在。

与此同时,源自党的群众路线的信访制度,为民众反映诉求、表达意见、吁请解决问题提供了一条较为畅通的渠道。相对于司法机关有限的受案范围,以及立案难、胜诉难、执行难等问题,信访机构则可以受理范围较广的社会问题;相对于司法诉讼高昂的费用和较长的诉讼周期,信访所需的成本投入较少,对专业知识的要求程度较低,这在一定程度上造成和加剧了农民"信访不信法"的问题。信访作为行政救济的一种有效途径,起到了民情上达、申冤维权的重要作用,成为农民抗争和农民维权的一种重要形式。随着社会主义现代化进程的不断推进,社会主义法制建设的不断完善,法律在农民心中的地位不断加强,法律逐渐成为农民基本权利受损时的最有力的抗争武器,运用国家法律、政策以及官方价值等广义上的"法"来与不守"法"的政府官员进行抗争,以期维护自身的权益,农民抗争逐渐具有法的色彩,依法抗争逐渐成为农民抗争的合理策略,农民依法抗争逐渐成为学者研究的新领域。其中,李连江和欧博文于1996年,在中国农民(减税)抗争研究的基础上,提出了"依法抗争"的观点[①],拉开了中国农民抗争研究范式的序幕,但欧博文和李连江所提出的"依法抗争"中的"法"并非严格意义上的由人大制定的"法",而是泛指国家法律和中央政策。

农民在这一时期抗争的对象是基层政府及其官员,所运用的抗争工具主要以国家政策为主,农村抗争诉求的解决主体仍为政府及其官员,而并非使用法律武器或通过司法程序解决问题,这一时期的农民依法抗争,虽然借助法律及相关政策作为其抗争依据,但实质上是一种"以政策为基础的抵抗"。进入21世纪,随着我国法制建设的不断完善和民众法治意识的觉醒,农村社会矛盾冲突和农民维权行动发生了一些新的变化,法的工具性明显增强,农民开始借助合理的相关法律,向法院提起诉讼以维护自身的合法权益,法律逐渐成为农民维权的行动武器。于建嵘通过对2000年以来中国社会冲突较为激烈的中部地区农村进行考察,发现在新时期,农民的抗争方式及抗争内容发生了较大变化,呈现出新的特点,农民抗争超越"依法抗争"的解释框架,他将这些新的维权活动称为农民"以法抗争",他认为农民已经进入"以法抗争"的新时期。[②]十八大以来,我国依法治国进程不断推进,司法改革也取得重大成就,农民在抗争中广泛使用法律,通过法律途径依法维权,法律在

---

① 李连江、欧博文:《当代中国农民的依法抗争》,载吴国光主编:《九七效应》,太平洋世纪研究所1997年版。

② 于建嵘:《当前农民维权活动的一个解释框架》,载《社会学研究》2004年第2期。

农民抗争中起着更加重要的作用①,甚至有部分地区开始出现"信法不信访"的现象②,农民抗争进入法治轨道是社会发展的必然趋势。

## (二) 冲突趋势逐渐趋缓

聚类#1 的标题是"农村社会冲突",轮廓值为 0.908,共有 44 篇文章,包含冲突管理、土地冲突、风险社会等子聚类名。改革开放 40 年来,中国农村社会冲突随着时代的变化而不断演变,其中体现着农村社会冲突由趋缓到激烈再到趋缓的变化趋势。改革开放初期,农村社会冲突主要指向于农村公共自然资源的争夺,围绕土地边界或宅基地等问题发生纠纷,这类冲突属于农村内部群体矛盾,尚未成为波及范围较广的社会问题,冲突较为趋缓。进入 20 世纪 90 年代,农村税收混乱问题,以及计划生育政策的扭曲执行,导致农村社会冲突不断加剧,农村社会矛盾冲突逐渐上升为社会问题。此阶段的农村冲突形式较为单一,农民的抗争方式主要以"上访"为主,冲突相对趋缓,学者们对这一时期农村社会矛盾的研究主要集中于农民(减税)抗争。

农村税费改革后,农业税的废除有效地缓解了由农村税收所引起的矛盾冲突。但随着我国城市与现代化进程加快,农民的自我土地权利意识也逐渐增强③,违法征用农民土地引发了数量较多且后果较为严重的征地冲突,征地冲突逐渐成为农村社会矛盾冲突的焦点,社会矛盾的对抗性愈发凸显,农民抗争行动也更为激烈④。这一时期,农村社会矛盾已经转变为农民为维护自身土地权利而与基层政府(公权力)之间发生的冲突⑤,冲突的形式和方式也更加多元化。按照我国《土地管理法》的规定,农民没有土地所有权,"国家为公共利益的需要,可以依法对集体所有的土地实行征用"。

在对抗土地征用的过程中,农民缺乏反对征用的合理依据、实力和能力,此时农民凭借其"弱者"的主体身份,进行维权抗争具有得天独厚的优势,同情弱者并

---

① 李华友:《梓潼县马鸣乡:信法不信访"上访乡"的成功蜕变》,载《当代县域经济》2017 年第 3 期。
② 陈涛:《信法不信访——蓬莱路易岛渔民环境抗争的行为逻辑研究》,载《广西民族大学学报(哲学社会科学版)》2015 年第 4 期。
③ 梅东海:《社会转型期的中国农民土地意识——浙、鄂、渝三地调查报告》,载《中国农村观察》2007 年第 1 期。
④ 赵树凯:《乡村治理:组织和冲突》,载《河北学刊》2003 年第 6 期。
⑤ 肖唐镖:《从农民心态看农村政治稳定状况——一个分析框架及其应用》,载《华中师范大学学报(人文社会科学版)》2005 年第 5 期。

对社会弱者进行关怀一直是社会的伦理取向，弱者的抗争也带有某种伸张正义的意味，更为重要的是弱者能够获得制度性或政策性庇护，这使得弱者身份成为农民抗争的重要武器。①农民通过将事情"闹大"，引起社会和政府的关注，使维权事件纳入政府决策议程，要求政府解决矛盾纠纷②，自焚、自残、下跪等"以身抗争"和"以舆抗争"相结合的抗争方式不断刺激公众的神经，农村社会冲突的暴力性和破坏性不断增强，呈现愈演愈烈的态势。

经过40年的社会发展，我国法治化进程不断推进，人民群众法治意识不断觉醒，十八大以来，党中央再次强调依法治国是我国治国安邦的基本方略，并对"三农问题"的解决进行了科学规划，强调让农民具有实实在在的获得感，基层政府的行为规范化程度大大提高，农民的抗争逐渐回归"依法抗争"的范畴，激烈的抗争形式逐渐消减，农村冲突渐为趋缓，这一时期学者对农民抗争问题的研究，回归到农民抗争问题本身，聚焦于农民抗争及农村群体性行为发生的内在逻辑和特征。③

### （三）冲突主体由松散群体转变为紧密群体

聚类#2的标题是"农村群体性事件"，轮廓值为0.856，共有41篇文章，包含基层政府、农民利益、社会矛盾、服务型政府等子聚类名。改革开放40年来，农村社会矛盾的主体特征在不断地发生变化，冲突主体经历了由松散"联盟"到单一个体再到紧密"联盟"的变化过程。改革开放初期，虽然确立了改革开放的基本国策，但由于国家对农民政策的限制，农村社会经济较为封闭，农民职业的选择范围小，农民流动性少，农村旧有规则仍然是维持农村社会秩序的有力工具，农村社会治理稳定而有序。④这一时期，农村社会冲突的原因，多是争夺农村内部公共资源，农村利益结构相对稳定，封闭的社会群体结成松散的联盟，以争取自身利益的最大化。

同时，在农村税费改革之前，由于农民税费负担过重，农民自发地结成松散联

---

① 董海军：《"作为武器的弱者身份"：农民维权抗争的底层政治》，载《社会》2008年第4期。
② 韩志明：《能力短缺条件下的双边动员博弈——政府维稳与"公民闹大"及其关系》，载《江苏行政学院学报》2011年第6期。
③ 付翠莲、张现洪：《乡村振兴的底线秩序：农民"抗争"的发生、特征和治理》，载《探索》2018年第3期。
④ 张敬燕：《农民流动、秩序变迁与乡村治理的重塑——基于河南G村的调研》，载《求实》2018年第1期。

盟进行减税抗争。随着传统农村秩序的逐渐瓦解，及农业税的废除，农民自发结成的松散联盟"利益诉求"不复存在，联盟开始解体。进入21世纪，随着城市化进程的不断加块，农民权利意识不断觉醒，面对土地补偿较低和暴力征用等侵权现象，部分农民认为自己的土地权益没有得到保障，受到侵害或者遭到基层政府暴力强征的农民个体开始抗争维权，以个人为单位通过信访以维护自身权益。在维权的道路上，个体农民的影响力较弱，部分利益受损农民结成紧密的利益团体，以"弱者"的主体身份与政府相抗争，借助群体的影响力，将事情"闹大"，形成群体性事件，以维护自身合法权益。带有群体性事件性质的农民抗争要求政府必须重视并解决农民诉求①，形成了"大闹大解决，不闹不解决"②的维权困境。因此，在"闹大"效应的影响下，相关利益受损群体形成紧密联盟，进行共同抗争以维护自身权益，从而导致群体性事件不断发生。相较于农村单个个体之间的冲突，农村群体性事件更能产生严重的不良影响，对政府权威的破坏程度更强。进入新时期，农村群体性事件发生新变化，农村群体性事件的组织性更强，群体性事件中出现了一批组织领导者，起到了农民领袖的作用③，他们在群体性事件中为农民出谋划策，在群体性事件的发生和解决过程中发挥着越来越重要的作用。

农村群体性事件的主要冲突主体在发生转移，由农民内部的群体性事件，扩大到农民与企业或基层政府之间的群体性事件；政府对农民内部的矛盾冲突处理不当，群体性事件可能向农民群体与政府之间的矛盾冲突转变。④ 农村群体性事件产生的原因多样化，暴力性和破坏性不断增强。在过去，农村抗争事件主要以邻里矛盾、农民土地纠纷、抗税等引起的群体性事件为主，影响力能够控制在一定的范围之内；新时期，随着社会主义市场经济的不断发展，农民与企业或者基层政府的经济纠纷、侵权纠纷、征地纠纷等成为农村社会矛盾的主要形式，这些纠纷处理不当就会引发群体性事件。⑤ 在网络时代，网络感染力度和扩散力度空前增强，无利益相关者也将会卷入农村群体性事件当中，极有可能形成农村网络群体性事件。农村群体性事件轻则表现为静坐抗议、集体集结上访、游行示威；重则攻击执法人员、

---

① 杨华、罗兴佐：《农民的行动策略与政府的制度理性——对我国征地拆迁中"闹大"现象的分析》，载《社会科学》2016年第2期。
② 张世勇、杨华：《农民"闹大"与政府"兜底"：当前农村社会冲突管理的逻辑构建》，载《中国农村观察》2014年第1期。
③ 于建嵘：《我国现阶段农村群体性事件的主要原因》，载《中国农村观察》2003年第6期。
④ 周延飞、于水：《农村群体性事件研究综述》，载《江西农业学报》2010年第10期。
⑤ 梅祥、时显群：《新时期我国农村群体性事件的特点、原因及对策》，载《中国行政管理》2010年第6期。

围堵打砸抢烧党政机关,凸显强大的暴力性和破坏性。与以往相比,农村群体性事件的参与人数较多,且具有很强的情绪性,处理难度加大。[①]近年来,由环境问题引发的农村群体性事件在不断的增多,农村环境问题将成为未来农村群体性冲突爆发的重要隐患,农村环境问题及其所引发的农村社会冲突,逐渐成为学者们的研究重点。

### (四) 矛盾冲突行动议题指向出现变化

农村社会矛盾和社会冲突的主要目标随着时代的发展而不断变化,大致经历了由争夺公共资源转变为抗税,再到为土地维权最终转变为环保这一演变趋势,农民诉求呈现从低层次转变为高层次的发展态势。20世纪80年代的改革初期,农村的社会矛盾冲突集中于不同村庄和农户之间为争夺公共资源而发生的冲突,冲突的主要议题是获得更多的农村公共资源,[②]以实现集体或自身利益的最大化,属于资源获取型冲突。20世纪90年代混乱的农村税收,导致农民负担加重,农民收入入不敷出,这一阶段农民的减税斗争成为农村社会矛盾冲突的主要议题,减税同样成为农村社会冲突中的主要诉求,农民希望地方政府能够正确按照中央的政策执行,纠正执行偏差,减轻税费负担,解决农民的温饱问题。抗税行动在一定程度上加剧了干群矛盾,农民抗争的矛头直接指向基层政府,削弱了基层政府的权威,降低了农民对基层政府的信任。

自21世纪尤其是2006年以来,农业税逐渐被淘汰,抗税的需求不复存在,但城市化加速发展,城市建设用地需求增多,征地问题成为社会抗争的主要原因,农民群体的矛盾主要议题已经由抗税转移到土地拆迁问题上[③],农村社会矛盾的主要诉求转变为维护自身土地权益。根据我国《土地管理法》的规定,我国实行土地社会主义公有制,农民没有土地的所有权,"国家为公共利益的需要,可以依法对集体所有的土地实行征用"。面对土地被征用,农民缺乏反对征用的

---

[①] 周梅芳:《情境与互惠:农村群体性事件的动力机制——基于湖南某县三起农村群体性事件的个案分析》,载《南京农业大学学报(社会科学版)》2015年第1期。

[②] Elizabeth J. Perry, Rural Violence in Socialist China, *The China Quarterly*, No. 3, 1985, pp. 414-440.

[③] 刘守英:《群体性上访事件6成与土地有关》,http://news.163.com/13/1014/10/9B50LSFJ00014AEE.html, 2018年8月11日访问。

实力和能力,只能通过"依理抗争"①"依势抗争"②"以身抗争"③"以舆抗争"④等非"依法"方式去维护自身的土地权益,自焚、自残等刺激公众神经的抗争方式⑤不断出现。十八大以来,随着全面依法治国和全面深化改革的不断推进,地方政府的行为更加规范,由征地拆迁所引起的社会冲突不断减少。

　　改革开放以来,人民的生活水平不断提高,人民对美好生活的需要日益广泛,人民群众对优美生态环境的需要也已经成为新时代中国社会主要矛盾的重要组成方面,但是农村的生态环境保护问题却不容乐观。农民更加向往天蓝、地绿、水净的人与自然和谐相处的环境。但是改革开放以来,相对于城区而言,农村地区的环境监管较为薄弱,高污染高耗能产业不断向农村转移,农村生态环境遭到巨大的破坏,农民的基本生存权益受到威胁,农民抗争诉求通过合法的渠道得不到有效的解决,不满情绪不断积累,一旦遇到导火索,农民的不满就会通过环境群体性事件发泄出来,因而环境冲突以及环境群体性事件频繁发生。⑥农民抗争诉求的目的在于保障自己基本生存权利,确保个人生存不受自然环境威胁,要求拥有更加优美的生态环境。党的十九大报告强调精准扶贫、精准脱贫,"确保到二〇二〇年我国现行标准下农村贫困人口实现脱贫"。精准扶贫和精准脱贫的要求,使在脱贫指标中的贫困人口获得更多的政策优惠,同时也能够获得更多的扶贫资源,大量的农村人口争夺有限的扶贫指标,关键绩效指标考核影响到政府行为的选择,⑦"确保到二〇二〇年我国现行标准下农村贫困人口实现脱贫"这一关键指标的考核对地方政府绩效带来无形压力,使地方政府在识别贫困户方面存在问题,导致扶贫标准和政策与实际不相符合,导致精准扶贫没有真正贯彻落实,从而导致新的社会冲突,造成新

---

① 王军洋:《"法"、"力"和"理":当下抗争剧目研究的主要路径评析》,载《湖北社会科学》2015年第8期。
② 王奎明、王宁:《依势抗争——我国邻避运动抗争逻辑的一个解释框架》,载《领导科学》2017年第2期。
③ 王郅强:《底线或策略:"身体抗争"的行为逻辑——基于政策议程设置的视角》,载《南京社会科学》2017年第1期。
④ 张书军、单嫒:《以舆抗争:农民维权方式的新变化》,载《闽江学刊》2013年第4期。
⑤ 王郅强:《身体抗争:转型期利益冲突中的维权困境》,载《探索》2013年第5期。
⑥ 张萍、杨祖婵:《近十年来我国环境群体性事件的特征简析》,载《中国地质大学学报(社会科学版)》2015年第2期。
⑦ 文宏、郝郁青:《关键绩效指标考核下的地方政府行为选择分析——基于2011—2016年黑龙江煤监的数据资料》,载《北京行政学院学报》2017年第2期。

的农村矛盾，2016 年媒体广泛报道的震惊全国的"杨改兰事件"①就是其中的一个缩影。

## 三、农民抗争维权方式的演进趋势

改革开放 40 年来，农民抗争维权方式发生了诸多值得思考的变化，随着网络通信的发展与普及，无直接相关利益群体对农村群体性事件的影响越来越大，农村抗争具有突破法律边界的趋势。

### （一）农民维权抗争主动性逐渐增强

随着农民权利意识不断的觉醒，农民的抗争经历了由被动抗争到主动维权的转变。农民从争夺农村公共资源到抗税斗争，维权行动的原因大都可归结为基层政府的不法行为导致农民权益损失，从而使得农民被迫联合维权。城镇化进程的加快使得城市建设对农村土地的需求不断增加，在征地过程中，农民补偿期望与政府赔偿的不匹配性，导致农民认为自身利益没有得到保障。后期随着农民环境意识的觉醒，农民对自身生存生态环境的关注度增加，使得农民抗争的主要关注议题逐渐转为环境保护斗争，反对环境污染行为。从土地抗争到环境抗争，维权目的都在于维护自身的合法权益，主动采取各种抗争方式甚至是采取制度外的利益表达渠道进行维权，无不体现着农民维权行为的主动性愈发增强。

### （二）农民维权策略的选择越来越灵活

随着农民维权抗争意识愈发增强，维权抗争愈发主动，农民维权方式更为多样，农民维权策略的选择更为灵活，时代的变迁和现代信息技术的发展，使得农村抗争主体、抗争环境和农民抗争行动诉求等抗争情境均发生着重要的变化，抗争策略也必然会有巨大改变。农民抗争学习和模仿能力逐渐增强，农民的抗争策略不再仅仅依靠"上访""依法抗争""以法抗争""以身抗争""以理抗争""以舆抗争"等单一的模式，而是考虑现实情况，有选择地采取一种或多种抗争策略，使得"抗

---

① 《"杨改兰事件"到底是谁的错？》，http：//news.ifeng.com/a/20160912/49960338_0.shtml，2018 年 8 月 11 日访问。

争剧目"呈现多元化，随着社会的变迁，在社会演出舞台上，"抗争剧目"种类将会更加丰富。

### (三) 农民抗争学习和模仿能力越来越强

改革开放 40 年来，农民在长期的抗争行动中，积累了大量的行动经验，农民精英群体对经验进行总结，并将其运用于农民抗争实践中；农民在抗争维权上具有很强的"创新"能力，部分农村抗争精英能够按照抗争需求，制定适合的抗争策略，这些策略总能被抗争者有效使用，从而达到吸引群众眼球，引起社会共鸣的效果，最具有代表性的是农民工自导自演的模仿外交部新闻发言人的"民工讨薪新闻发布会"事件①。此外，现代信息技术的发展，农民通过互联网、新闻媒体以及即时通信工具，可以从众多成功的抗争案例中学习抗争经验，向"同行取经"。例如，冀中星首都机场爆炸维权的成功，导致机场迅速成为维权的重要场所。②

### (四) 无直接相关利益群体的影响越来越大

改革开放初期，农村社会矛盾的利益导向非常显著。人民公社与农村生产小组虽然解体，但由于利益的共通性，农民的集体行动的控制力依然较为强烈，村长或组长等农村政治精英将农民组织起来，去争夺更多优质的公共资源；农村税收的混乱，加重了农民的负担，影响农民正常的温饱需求，诸多农民被迫结成松散联盟，期望通过上访、抗税等形式解决问题。然而，在网络时代，网络围观者等与农村矛盾冲突毫无关联的群体，也会通过各种渠道对农村冲突事件进行围观，加大农村群体性事件的社会影响力，诸多事件引发的社会舆论关注，致使越来越多的无直接相关利益群体在农村社会矛盾冲突中所发挥的影响力越来越大，诸如 2008 年的贵州"瓮安事件"等直接表明，无直接相关利益群体已经成为农村群体性事件不可忽视的力量。

---

① 《民工讨薪新闻发布会》，https://baike.baidu.com/item/民工讨薪发布会/4618056，2018 年 8 月 11 日访问。
② 王军洋、金太军：《"依法抗争"的效力与边界——兼议农民抗争研究的走向》，载《社会科学战线》2016 年第 1 期。

## （五）农民的抗争有突破法律边界的趋势

改革开放 40 年来，农民的抗争多为非持续性对抗，农民的抗争对象主要为"违法"官员，而非国家和政府，其维权行为是处于相对合法范围内所进行的维权行动，依法抗争也是农民抗争行动的基本属性。由于农民抗争诉求如果在合法的渠道中得不到有效解决，农村社会矛盾冲突对立情绪就愈发强烈，相应的不满情绪就会逐步激化，遇到突发事件，农民的不满就会通过相应的群体性事件发泄出来。近些年来，此种趋势显性存在，且农民抗争矛头有的直接转向基层政府，表现为公众对政府的信任程度较低，突破以往经济诉求的边界，提出部分政治方面的诉求，有的农民抗争甚至已经突破了法律的边界，呈现暴力抗争态势。

## 四、农村社会矛盾的热点词突现分析

笔者对样本源进行关键词突现检测（burst）后，挖掘出农村社会矛盾冲突的相关研究中存在的 10 个热点词，如表 2 所示。突现强度代表该关键词的波动幅度，突现强度越大，表示波动越大，也表示该关键词所代表的议题在该时期内越受关注。通过表 2，可以发现：

表 2 农村社会矛盾冲突研究的关键词突现表

| 关键词 | 强度 | 起始年 | 骤减年 | 1978—2018 年 |
| --- | --- | --- | --- | --- |
| 社会矛盾 | 2.5392 | 2000 | 2004 | |
| 和谐社会 | 3.8266 | 2006 | 2008 | |
| 社会保障 | 2.7665 | 2006 | 2008 | |
| 新农村建设 | 4.9138 | 2006 | 2007 | |
| 维权抗争 | 2.5421 | 2010 | 2013 | |
| 征地群体性事件 | 3.0312 | 2010 | 2012 | |
| 政治机会结构 | 2.2612 | 2014 | 2016 | |
| 农民上访 | 2.5144 | 2014 | 2015 | |
| 抗争政治 | 2.8467 | 2013 | 2017 | |
| 依法抗争 | 2.7169 | 2015 | 2016 | |

资料来源：本表内容是作者运用 CiteSpace Ⅲ 对 316 篇核心文献进行可视化操作后，点击 burst，由 CiteSpace Ⅲ 软件生成。表格由笔者将突现强度排名前 10 的关键词提取出来整理而成。

## (一) 持续时间最长的突现词:"社会矛盾"和"抗争政治"

"社会矛盾"突现起始于 2000 年,于 2004 年呈现下降趋势;"抗争政治"突现起始于 2013 年,于 2017 年呈现下降趋势。"社会矛盾"和"抗争政治"的突现强度分别为 2.5392、2.8467,说明学者关于社会矛盾和抗争政治的研究波动变化较小。转型期我国农村社会矛盾一直是学者研究农村社会冲突的主要焦点,国内学者在理论层面不断对农村社会的矛盾源、由矛盾引发的农村社会抗争形态、抗争策略以及其解决方案进行研究,构建并形成了完整的农村社会矛盾体系。在经过农村社会矛盾的多发期后,学者们转向研究农村社会缘何抗争,寻找社会如何塑造社会抗争,追寻社会抗争的政治根源,探讨农民维权抗争背后的逻辑,反思和总结农民的抗争行为,抗争政治成为农民抗争研究得以实现的理论基础。经过多年对抗争政治的研究,学者们对抗争政治的研究趋于成熟,同时也有学者开始结合中国情景反思以往关于抗争政治的研究,例如论证"政治机会结构与民众抗争行为策略选择之间的关联"[1]。由于研究时间的限制,并未获得 2018 年的全部样本,但不能否认在未来,社会矛盾和抗争政治在农村社会矛盾冲突研究领域仍为学者关注的焦点。

## (二) 强度最强的突现词:"新农村建设"

关键词"新农村建设"突现性表现为 2006—2007 年,突现强度为 4.9138。相关研究在这两年持续增长,与我国的政策热点事件基本保持一致。2005 年,党的十六届五中全会作出了加快建设社会主义新农村的重大决定,提出了以"生产发展、生活宽裕、乡风文明、村容整洁、管理民主"为主要内容的新农村建设战略,学者们对新农村建设的关注度空前高涨,发文量迅速上升,但到 2007 年之后开始回落,这说明国家政策对我国学术研究具有重大的影响。习近平总书记在党的十九大报告中强调"农业农村农民问题是关系国计民生的根本性问题,必须始终把解决好'三农'问题作为全党工作重中之重",要健全乡村治理体系,要坚定实施乡村振兴战略。因此,乡村振兴战略的实施以及乡村治理体系的革新必定成为学术研究的热点问题。

---

[1] 文宏、咸晓雪:《政治机会结构与民众抗争行为的策略选择——基于兰州市宋村集体土地纠纷的案例研究》,载《南京农业大学学报(社会科学版)》2016 年第 5 期。

## （三）出现时间最晚的突现词："依法抗争"

关键词"依法抗争"突现起始于2015年，于2016年出现下降趋势，突现强度为2.7169。"依法抗争"源于欧博文和李连江对中国农民抗税的经验总结，农民"依法抗争"理论的提出拉开了中国农民抗争研究范式的序幕。"依法抗争"在中国农民抗争研究中具有重要地位。党的十八大以来，农村社会矛盾冲突的激烈程度呈现降低趋势，学者们开始对农民抗争研究进行检视和反思，[①]探究农民抗争的行为逻辑，发现"依法抗争"不仅仅是一种研究范式，同时也是一种抗争的手法和策略，更是抗争的正当性理据，[②]使抗争行为合法化、正当化，体现抗争行为的正义性和正当性，[③]是大众抗争的最广泛形式。随着依法治国进程的不断推进，农民用"法律"武器保护自身合法权益，必然成为解决农村社会矛盾冲突的主流，亦会成为学术界农村社会矛盾冲突研究领域的永恒焦点。

## 五、结语

通过借助CiteSpaceⅢ可视化文献分析软件，聚焦于中国农村社会矛盾冲突，笔者发现，改革开放40年来国内学者们关于农村社会矛盾冲突的研究领域较为广泛，对相关文献进行系统梳理后，发现中国农村社会矛盾冲突的演进趋势呈现以下特点：（1）法治色彩更加浓厚；（2）冲突趋势逐渐趋缓；（3）冲突主体由松散群体转变为紧密群体；（4）矛盾冲突行动议题指向出现变化，经历了从争夺公共资源到抗税到土地维权再到环保的演变。此外，农民抗争维权方式发生了诸多值得注意的变化：（1）农民的维权抗争越来越主动；（2）农民维权策略的选择越来越灵活；（3）农民抗争学习和模仿能力越来越强；（4）无直接相关利益群体对农村群体性事件的影响越来越大；（5）农村的抗争有突破法的边界的趋势。通过对热点词的突现分析，笔者认为社会矛盾和抗争政治以及依法抗争在农村社会矛盾冲突研究领域，在未来仍是学者关注的焦点内容；随着国家"乡村振兴战略"的实施，乡村振

---

① 陈锋：《从抗争政治、底层政治到非抗争政治——农民上访研究视角的检视、反思与拓展》，载《南京农业大学学报（社会科学版）》2014年第1期。

② 肖唐镖：《中国农民抗争的策略与理据——"依法抗争"理论的两维分析》，载《河海大学学报（哲学社会科学版）》2015年第4期。

③ 应星：《"气"与抗争政治：当代中国乡村社会稳定问题研究》，社会科学文献出版社2011年版。

兴以及乡村治理体系的创新必将成为新的研究热点。

纵观中国古代历史，由农村社会矛盾的失控导致农民抗争或者群体反抗而导致农民起义的事件不胜枚举。目前，我国正处在整体性发展转型的关键期，[①]处于站在更高的新的起点上谋划和推进新的伟大工程的重要战略机遇期，同时也处在农村社会矛盾的凸显期和高发期，必须时刻对农村社会矛盾和冲突保持警惕，必须及时化解农村社会的矛盾。因此，要全面了解农村社会矛盾冲突的演进趋势，认识农民抗争维权方式的变化，避免出现情绪化和极端化的社会抗争，避免走向政治性的暴力抗争；要科学认识农村社会矛盾产生的机理与背后的逻辑，探索解决农村社会矛盾冲突的方式以及有效的回应策略。

① 李富民：《警惕农村社会风险》，载《中国党政干部论坛》2017年第5期。

# 基层公共安全治理社会化：机制与路径

## ——城市化进程中的社区组织观察

袁方成　黄　盼[*]

**摘　要：**快速城市化进程中，"村改居"社区的公共安全面临着单一主体治理乏力的困局，基层政府难以有效履行公共安全服务职能，而物业公司的市场化管理难以适应和满足社区居民的公共安全需求。因此，从政府或单一主体向推动多元主体参与的转型，引入社会力量弥补单向度治理的内在缺陷，为社区内生的社会组织参与公共安全治理提供了契机和空间。本文以 W 社区的志愿巡逻队为研究个案，厘清社区社会组织产生的社会基础及其嵌入要素与整合，发掘社区社会组织在创新单向治理机制、提升安全治理功能方面的积极作用，并由此形成基层公共安全治理社会化的实践路径，也将加快促进共建共治共享的社区治理格局的形成。

**关键词：**公共安全；城市化；"村改居"社区；社会化治理

当前，我国正处于全面建设城镇化的重要转型时期，社会结构正在发生深刻变动。"在城市空间的加速扩张和行政化主导的城市化战略推进的作用下，各种冲突和矛盾在该场域空间高度集聚，利益分配困境、市民化困境、公共产品供给困境、文化融入困境及外嵌式管理困境突出，充满风险和挑战。"[①] 自从城镇住房市场化改革和社区建设以来，我国城市已经形成多元化的住房体系和多样化的社区类型。其中，"村改居"社区作为城市快速扩张的特色景观，是社会转型的完整缩影，也

---

[*] 袁方成，上海交通大学中国城市治理研究院、国际与公共事务学院教授，主要研究领域：中外政治制度、地方治理、公共政策分析；黄盼，西北农林科技大学人文社会发展学院博士研究生，主要研究领域：城乡基层治理。

① 何滨、马晴：《快速城市化进程中过渡型社区的发展困境及出路分析》，载《农村经济》2013 年第 10 期。

是基层社会公共安全治理的难点所在。

由此,选取个案社区作为分析单位。本文的社区经验来自笔者及所在团队于2018年7月在中部某省 H 市 W 社区做的社区调查。W 社区是 H 市招商开发的热土,地处工业园区,失地居民比例达100%,是一个典型的经济开发区内的"村改居"社区。社区面积3.8平方公里,总人口2860人。社区居民大多居住在自家私房里,商住小区极少,物业管理欠缺,偷盗现象时有发生。政府无力应对复杂的社区安全治理现状,市场手段发挥的空间极为有限,公共安全供给出现了一系列现实困境。

面对市场和政府主体治理失效的问题,W 社区培育志愿巡逻队,让社区社会组织共同参与社区公共事务的治理,有效解决了社区长期以来的偷盗问题。本文借助 W 社区解决公共安全问题的经验,探究社区公共安全供给的现实困境和治理出路,发现社区社会组织在"村改居"社区公共安全治理的过程中,社区的社会性要素在其中发挥重要作用。城市化是"村改居"社区出现的时代背景,"社会化"是社区公共安全治理与服务资源多元主体的反映。社区公共安全治理转型,是多元主体替代单一主体的社会化过程。

## 一、社会化:基层公共安全治理的现实命题

大量的城市社区研究采取的是从单位制解体后向社区制纵向变迁的视角,较少从城市化背景下横向变迁的视角去认识城市社区的独特意涵。在城市化快速发展时期,已经被城市包围的都市村庄,由原来的农村行政村村委会转变为城市社区居委会管理体制。社区承担的行政事务大体可以分为四类[①]:其一,政治任务类事务,包括社区党组织建设等中心工作;其二,行政管理类事务,具体有综治维稳、消防安全等;其三,公共服务类事务,如基础行政性服务、社会服务等;其四,社区自治事务,如培育社区社会组织及微自治事务等。

社区居委会承担的行政性事务是严重的负担,与居民自治和为居民服务是内在对立的。[②] 通过对社区公共事务的分析发现,居委会承担的行政管理、公共服务和社区自治事务之间有交叉和重叠。城市社区公共安全,指的是将社区内的各个不同

---

[①] 张雪霖、王德福:《社区居委会去行政化改革的悖论及其原因探析》,载《北京行政学院学报》2016年第1期。

[②] 孙柏瑛:《城市社区居委会"去行政化"何以可能?》,载《南京社会科学》2016年第7期。

组织，包括政府机构、各种社会力量和居民等结合起来，利用协调各自的资源，发挥服务职能，为社区居民提供安全、健康、舒适的生活环境和公共秩序所做的行动的总和。① 基于居委会职能与社区公共安全含义的界定，当前的社区公共安全是一种综合性事务。

### （一）政府介入的滞后与缺位

作为城市公共安全管理的重要载体，社区相继推行"安全社区""绿色社区""减灾社区"等建设。其中，"安全社区"的推进者为安监部门，而"绿色社区"由环保部门推行，"减灾社区"的推进者为民政部门②，从中可以看出，社区公共安全项目对接的部门众多。政府承揽"村改居"社区的公共服务责任，却只能实现行政兜底服务，无法满足居民的多元需求。同时，面对日益增强的公共安全治理任务，政府负责治安经费和人员配置等，基层公共安全表现出社区自治权力有限、管理成本高、行政效能低等特点。

"村改居"社区居委会作为群众性自治组织，长期作为国家推行政治任务、行政事务的工具，从而导致治理功能的行政化、政府公共服务缺位等结果。政府自上而下式的单向度供给社区公共安全治理资源，具有行政性质的居委会因资源分配不对称、分工职能偏差，导致公共安全自治力度有限，无法有效回应社区需求。政府行为与居民需求之间的张力塑造社区公共安全资源供给与需求之间的现实矛盾，居委会按照行政要求管理社区公共安全，却没有依据自治要求服务社区公共安全。

此外，社区安全类信息服务于社区行政需要，在收集和传输过程中，存在失真、延误和使用不当等一系列问题。长此以往，社区公共安全治理效率会因信息不充分导致机制不畅，进而引发行政效率低、管理成本高等问题。居委会忙于应对上级行政任务，疏于管理社区日常公共安全问题，如偷盗私人财产。这不仅给社区及居民造成了经济损失，同时导致居民对社区的信任度下降，也威胁了和谐社区建设和城市公共安全建设的发展。因此，社区需要积极探索满足居民生活需求、促进社区和谐的公共安全供给新形态。

---

① 娄成武、孙萍主编：《社区管理》，高等教育出版社2003年版。
② 张海波：《社区在公共安全管理中的角色整合与能力建设》，载《江苏社会科学》2011年第6期。

## (二) 市场资源的匮乏与缺失

社区公共安全服务,相对于私人生活服务而言,具有非排他性与非竞争性等特征。伴随着商品房小区的兴建,具有竞争性的私人物业公司孕育而生,社区公共安全治理主体从政府主导变为政府—市场互构。物业管理是小区业主基于建筑物区分所有权对小区物业的共同管理,物业管理制度的调整对象主要在于区分所有人内部,其本质是业主之间的关系而不是业主与物业服务企业之间的关系。① 它以利益取向为核心,是居民个体间经济资源相互竞争的体现,具有排他性和不平等性。

相较于商品房社区,"村改居"社区的居住人群以城市中下层、老年人为主,他们对小区物业服务的支付意愿和支付能力不足。所以,市场化的专业物业公司不愿意进驻,从而造成市场资源缺失、市场机制失灵。从国家治理观念和制度体系上来看,市场化力量主导公共安全供给是不理想的行为模式。同时,"村改居"社区在生活方式、行为习惯和价值观念上的碰撞、冲突与交融②,不利于社区居民城市观念的融合,更不利于社区志愿精神的形成,给社区公共安全治理带来了挑战。

W 社区居民多数居住在自家房屋,传统的自给自足式家庭观念存留,缺乏将公共安全管理权力让渡给市场经营的契机,缺乏物业管理的社会基础。W 社区治理实践中,物业公司等市场资源缺乏社区居民的经济支持,行政力量介入为"村改居"社区提供行政兜底式管理服务,为居民提供统一的基础性保障服务。政府等单一主体从社区外部提供资源支持,忽视社区公共事务的内生属性。用单向度思维去解决具有综合性的公共安全问题,造成公共安全资源供给不足的困境。因此,需要寻求与社区及其公共事务属性相契合的治理方式。

## (三) 公共安全治理的现实选择

社区制被认为是新中国成立后继单位制和街居制之后新时期的制度建设③,也成为为应对城市社会再组织化而提出的战略性举措。通过一次性的城市化政策推行

---

① 傅鼎生:《物权原理与物业管理》,载《政治与法律》2004 年第 6 期。
② 李志强、曹杰:《城镇过渡型社区公共安全治理研究新视野——基于"结构—场域"的分析》,载《江苏社会科学》2017 年第 5 期。
③ 何海兵:《我国城市基层社会管理体制的变迁:从单位制、街居制到社区制》,载《管理世界》2003 年第 6 期。

"村改居"改革，农民一跃变为市民，可能导致社会失序等安全问题。而且，社区公共安全存在政府服务能力有限、市场服务补给缺位的治理困境，既不能通过市场主体来满足居民的公共安全需求，也不可能完全依靠政府来解决。① 只有将社区居民组织起来，才是应对现代城市风险的合理方式。

相对于部分精英群体通过社会化机制实现再组织②而言，社区居民参与呈现出一种非正态分布特征，越是受教育程度高、经济收入高、社会地位高以及年富力强的中青年群体，社区参与度反而越低③。但是，社区公共安全的社会化治理不是"去精英化"的主体参与，而是社区精英引导、吸纳有内生需求的普通居民、动员有意愿有能力的积极分子的治理。其中，社区居委会作为基层自组织，主动联系居民，培育社会力量，提升社区自治能力，以稳妥应对和处理社区治安的复杂矛盾和问题，推动城乡统筹和社区和谐。

志愿巡逻队立足于社区公共安全发展实际，大胆探索、敢于试错、勇于创新，逐步引导社区精英和普通居民、社区社会组织等共同应对社区风险，创造社区居民参与的组织化渠道，即为社区公共安全服务搭建公共平台。志愿巡逻队这一公共平台，可为居民的意见表达提供场域，可为解决社区公共问题提供行动能力，与其他社区治理主体共同致力于建设社区公共领域。因此，在弥补社区公共安全单向度治理缺陷的基础上，社会力量参与社区公共安全供给成为可能，是当前"村改居"社区较为适当的选择。

## 二、组织孵化与要素整合

早在 2014 年末，W 社区便开始了关于社工培养及社区服务转型的探索之路。2017 年，形成"街道社工服务中心 + 社区社工站 + 社会组织"的三社服务平台，培育社区社会组织，打造社会化服务平台。到目前为止，W 社区已成立"向日葵义工队""广场舞蹈队""志愿巡逻队"等组织，主动发掘群众领袖，积极开展惠民活动，增强居民自我成长、自我参与意识。在有组织有目标的社区公共活动中，社区在培育社区社会要素、社区社会组织自我服务等方面取得一定的进步。

随着社会力量的成长、居民参与意识的觉醒以及社区偷盗事件的骤增，W 社区

---

① 蔡禾、贺霞旭：《城市社区异质性与社区凝聚力——以社区邻里关系为研究对象》，载《中山大学学报（社会科学版）》2014 年第 2 期。
② 王德福、张雪霖：《社区动员中的精英替代及其弊端分析》，载《城市问题》2017 年第 1 期。
③ 桂勇、黄荣贵：《社区社会资本测量：一项基于经验数据的研究》，载《社会学研究》2008 年第 3 期。

社工响应居民需求，发起成立有组织的"白天红袖章，夜间手电光"志愿巡逻队。志愿巡逻队作为一个城郊社区治安和环境综合整合的公益性组织，在一定程度上集中改善了偷盗案件多发时段、地段的治安和辖区卫生环境状况，促进社会和谐。此外，它为社区服务项目提供了社会资源，改善了社区公共安全供给单一且失灵等普遍存在的问题，大幅提升社区公共安全服务质量，有效满足居民生活安全的需求。

## （一）组织孵化的社会机制

在志愿巡逻队成立之前，W社区创新社区服务工作，培养社工队伍、培育社区社会组织，以服务项目为载体推进社区建设。居委会通过建立社区公共服务平台、挖掘和整合社区公共资源，最大限度地满足社区居民的需求和偏好，改善居民生活环境和质量。社工以专业化的知识技术为基础，发挥个体的能动性、主体性，积极发掘并培养群众领袖。群众领袖参与社区公共活动，主动与居民互动，为公共安全服务积累了社会资本。居委会、社工、群众领袖的共同支持，为志愿巡逻队的生成提供了社会条件。

### 1. 权威基础与现实条件

从社区公共事务生产的行政属性来看，社区居委会作为国家的代理人，承担辅助的行政性职能，是国家进社区的表现。随着社区行政事务的增多，社区治理主张居委会去行政化改革，以实现居民自治功能。但是，去行政化后的居委会难以满足居民的需求，难以获得居民的认可和信服，在居民中没有权威。这说明，社区基层组织需要一定的合法性和社会权威，才能实现有效自治。同理，考察社区社会组织，只有明确组织权威的来源，才能将居民组织起来，才能更好地满足居民对公共品的多元化需求。

由于社区社会组织的缓慢发展、内生经济资本与社会资本稀薄，组织的成立不是要排斥国家力量的进入，而是需要国家的有效介入。国家对社区社会组织的积极认可与主动培育，是城市社区社会组织发展的形式权威。拥有官方形式权威的社区社会组织能获得外部资源，但是社区居民对社区公共安全治理持有一种"漠视"的态度，不愿参与社区公共事务和社区自我管理。实践表明，向下对居民负责才能获得群众的认可和信任。在此基础上，才能使形式权威转化为实质权威，共同为社区社会组织的成立提供权威基础。

权威基础是组织成立的基本条件，它在某种程度上实现优化组织的效果，而组织成立的根本原因在于社区治理的现实需求。面对社区公共安全治理无序、资源供给不足的现状，迫切需要新的供给方式弥补治理缺陷，进而满足当前社区的公共安全需求。为了平衡供给与需求的关系，平衡资源供给主体与资源受惠群体之间的关系，引入社会主体参与治理成为自然选择。社会主体的参与，能激活社区内生资源，承接社区公益服务活动，使社会资源成为"村改居"社区的治理资源，降低社区居委会的治理成本。

### 2. 精英引导与居民参与

在社区基础和居民需求的导向下，社区社会组织的发展理念初具雏形。但是，组织孵化不是理念设计的产物，而是人际互动的合作产品。社区社会组织需要多方力量的配合，才能孵化成功。根据社区社会组织成立的必要条件，将组织孵化分为三个阶段：(1) 孵化初期；(2) 孵化中期；(3) 孵化后期：组织成立。组织孵化阶段不只是组织产生的过程，同时也是居民参与组织活动的动态发展过程，可以反映组织嵌入社区并带动社区自治的过程。

在孵化初期，围绕"公共安全治理"的主题，社区两委成员牵头发声，社工提供技术指导，形成一个集体行动单位，负责收集居民需求、了解辖区治安状况，表现出无公约有协商、无活动有行动、无领袖有权威等特点。在孵化中期，社工践行"扶上马，送一程"的技术理念，由社区书记组织制订巡逻公约、策划行动方案、挖掘和推选领袖，从吸纳组织成员到活动分工，使得社区社会组织初具形态，有了组织领袖、组织目标和公约规范。组织孵化后期，组织具备自我组织和自我行动的特征，拥有激活社区资源和策划社区活动等组织能力。

从组织孵化的过程可以看出，孵化初期由社区两委和社工引导，他们或是社区精英，或是社区积极分子，对组织孵化发挥着行政和技术支持的作用。其中，社区两委提供场地、配备人员，充分满足了孵化初期的物质条件。组织的关键成员向各企事业单位募集活动经费，推动社区社会组织从理念虚体向行动实体的转变。在孵化初期向中期转变的过程中，组织吸纳有公益精神的社区精英，锁定并增能领袖，带动有公益志趣的社区居民，使得组织实体初具雏形。孵化后期，组织带动居民共同开展活动，满足社区居民的需求。

## （二）要素嵌入与资源整合

长期以来，社区公共安全治理是居委会"基层维稳"的行政职能，居委会扮演着全能型角色。如今，居委会向"基层社会自治"职能转变，社区行政事务、信息采集、居民自治和社会服务分属于社区工作站、网格中心、居委会和社区服务中心等不同的组织。面对综合性和模糊化的社区公共安全事务，全能型居委会的组织关系更加简单，组织资源更容易调配。现阶段，城市社区培育社区社会组织，让其共同参与社区自治，旨在降低社区治理成本，提升社区治理活力。

相较于统一化和标准化的职能边界，社区社会组织的多元功能属性更为符合综合性的公共安全治理，在提供社区服务、化解各类矛盾、维护社会稳定、促进社会和谐等方面发挥了重要作用，是降低社区治理成本的主要力量。社区社会组织治理成本低的关键原因在于，社区社会组织将关系、资源等要素自主地嵌入社区治理网络，实现资源的社会化配置。在资源合理配置的基础上，为社区公共安全服务与治理探索出一条有效路径。

**1. 多层关系嵌入**

"政府—社区社会组织"协商式合作伙伴关系的建立是社区治理的现实需求。社区服务活动的顺利进行，得益于政府、社区两委、社区社会组织、居民等多元主体的合作。通过W社区社会组织实践发现，政府与社区社会组织之间的关系从冲突走向合作，政府在体制上支持社区社会组织，为其发展创造宽松的政策环境；社区社会组织利用其民间性特点，积极建言献策，为社区提供更为高效和更高质量的公共产品和服务。

"居委会—社区社会组织—居民"参与式平等伙伴关系是社区治理的社会要素。社区社会组织协调居委会与居民的关系，打通个人利益诉求自下而上的反馈渠道，促进了社区居民权益保障，增强了社区居民集体感和认同感。社区社会组织与居委会各成员关系相互平等，共同生产具有公意的行动方案，逐渐将巡逻队塑造成社区中一支有组织的志愿者队伍，形成"白天红袖章，夜间手电光"的"白＋黑"巡逻模式。社区社会组织协助居委会开展自治工作，提供社区公共服务，自主探索符合社区公共需求的治理路径。

**2. 多种资源导入**

社区的治安状况如何，关键在于社区如何有效地整合资源。居委会从管理者向平等参与社区治理的治理者身份转变，为社区社会组织提供行政资源支持。通过整合各部门、各层级信息资源，实现资源合理配置。社区党总支书记、居委会治调委员、计生委员和民兵队队员等两委干部率先加入志愿巡逻队，易于达到群策群力、群防群控的治理效果，客观上缓解了行政科层制下"强政府、弱社会"的治理缺陷。

社会工作者合理运用社会工作专业方法，培养居民自主互助能力，提高居民对社区的归属感，促使社区居民参与社区建设。社工介入社区活动，创造条件让各类有专长有能力的人浮出水面，并提供多种机会，使之成为社区公众人物，进而成为群众领袖。在行政资源和技术资源的双重支持下，社区社会组织践行事前动员、事中实干、事后总结的工作理念，迎合居民公共需求、获取居民集体支持、吸引居民广泛参与。

**3. 多重要素整合**

社区治理主体拥有的权威和社会资本是组织成立的权威性资源，也是组织生成的前提条件，合作伙伴关系、行政支持与技术资源等是组织运行的关键要素。当前我国社区社会组织发展缓慢，社区社会组织嵌入社区自治结构，离不开权威基础、关系互动和资源合作等因素的共同影响。组织成员通过与社区各类主体密切的互动，获得权威性资源与配置性资源。[①] 权威性资源与配置性资源通过社区社会组织实现整合，发挥各方合力，共同推动社区公共安全服务。

政府提供权威性资源，市场提供配置性资源，除此之外，社区内部自治主体也提供相应的社会资源，共同促进社区内外部资源融合。社区社会组织在实现要素整合的前提下，紧紧围绕着"社区公共安全治理"这一组织目标服务，使得资源集中化与社会化，发挥低成本、高效率和高效能的作用。例如，抗洪抢险时期，社区社会组织参加应急减灾活动，共同保卫家园，分担社区治理责任，减轻社区治理成本，提升社区自治的社会化程度。

## 三、机制创新与功能提升

社区公共安全包括生产生活安全、社区居民赖以生存的医疗卫生安全、教育安全、消防安全等各个方面的安全。[②] 长期以来，"村改居"社区公共安全服务主要依赖政府资源，由社区居委会负责落实，极少采用"服务外包"等市场和社区组织运作方式，社区社会资本处于碎片化状态。调查发现，W 社区社会组织极大程度地激活社区各类主体，打破了政府供给公共安全资源的单一格局。志愿巡逻队这一社区社会组织，加强基层政府与社区各要素之间的合作，广泛吸纳且整合社会资源，有效改善了社会资本碎片化的缺陷。

社区从依赖政府资源向吸纳社会资源的转变过程中，要避免社区公共安全参与

---

① 〔美〕安东尼·吉登斯：《社会的构成》，李康、李猛译，生活·读书·新知三联书店1998年版。
② 张银花、王娜：《内蒙古城镇社区公共安全治理模式研究》，载《内蒙古民族大学学报（社会科学版）》2016年第5期。

不足的困境①，要培育社区互助规范与网络，进一步完善社区消防、安全等服务信息。为此，W 社区围绕居民需求，通过建立规范、构建网络、建立组织、重建信任等增加社会资本存量②，构建社区内部的自我防范机制，探索社区自治型服务模式。在治理机制与治理功能等方面取得了一定成效，创新政府单向治理机制，与社区自治主体共同提升安全治理功能，使公共安全治理从单一主体向多元主体转变，推动社区公共安全服务社会化发展。

## （一）组织嵌入治理，创新治理机制

政府在公共安全资源供给中长期处于主导地位，导致传统的社区公共安全治理模式具有鲜明的行政化、强制性、单一化等特点，束缚了社会力量的活力。只有不断鼓励社区各主体积极参与，加强社区内外的有机联动③，使政府、居委会和居民等治理主体之间形成良性互动，才能有效满足社会化的公共安全需求、保障公共安全供给质量、提升社区安全层次。社区社会组织作为社区自治主体之一，丰富了社区治理体系，为居民公共安全诉求的多元化表达提供了社会化平台。

长期以来，"村改居"社区居委会在政府行政任务的笼罩下，面临因统治管理机器庞大、架构复杂、层级过多而导致的沟通不便和对社会危机反应相对迟钝、处置成本高昂等弊端。社区缺乏整体规划，物业公司等市场主体进入难，不能发挥实质性的公共安全市场化管理作用。面对低效无力的治理困境，社工在居委会的支持下，牵头成立社区社会组织，塑造社区公共精神，改善社区公共安全。通过此种合作关系，居委会—社工站—社区社会组织—居民参与之间形成社会化的治理机制，对网络式治理结构的科层化机制有所创新。

网络式治理结构主张在国家与社会的制度性分权、功能边界清晰等基础上，构建合作伙伴关系。④ 然而，公共安全作为社区公共品，其功能边界模糊且交叉，无法简单地用网络式治理理论有效指导我国社区治理实践。社区居委会是政府下放权力的结果，这种放权是根据管理需要的功能性分权，而不是以公民社会为基础的实

---

① 钱洁：《我国社区公共安全供给模式的转变》，载《探索与争鸣》2011 年第 10 期。
② 袁振龙：《社会资本与社会安全——关于北京城乡结合部地区增进社会资本促进社会安全的研究》，载《中国人民公安大学学报（社会科学版）》2007 年第 3 期。
③ 李志强、沈静：《城镇化视阈中"村改居"社区公共安全治理——社会燃烧论的分析维度》，载《长白学刊》2017 年第 4 期。
④ 汪锦军：《纵向政府权力结构与社会治理：中国"政府与社会"关系的一个分析路径》，载《浙江社会科学》2014 年第 9 期。

体性分权。① 因此，结合"村改居"社区治理需要，社区社会组织嵌入社区公共安全治理，整合行政资源、社会资源和自治资源，实现了不同链条之间的有机链接与相互支持，开辟具有特色的社区公共安全供给机制。

## （二）治理结构优化，治理功能提升

过去居委会管理社区的主要形式是按照上级部门的要求开展工作，并由上级部门对其进行考评奖惩，造成了社区行政负担重、工作压力大等问题，限制社区公共安全服务功能的发挥。政府主导社区公共安全服务资源，在国家—社会制度化分权模式下，难以回应城市社区小众化、差异化和多元化公共安全需求。随着城市经济的快速变化，城市社会转型进一步加速，"村改居"社区居民的服务需求日益提高，居民对社区服务的需求由衣食住行的需求向治安、公平等方面扩展，社区公共安全治理方式由"行政管理为主"向"强化公共服务"转变。

以社区社会组织为载体的社会化治理机制下，各参与主体之间不存在"制度化分权"。各主体之间通过功能性分权实现资源的社会化配置，并根据社区情势的变化而动态调整资源。W 社区依托志愿巡逻队，建立社区公共安全服务组织，实现社区公共安全管理社会化。这不仅能够确保居民向居委会表达合理利益诉求的权利，加强基层政府的社会管理和公共服务能力，而且能够整合社区内外部资源，强化其公共服务功能，如防洪抗险、社区治安等，更好地激活居民主体性、满足居民公共需求、应对社区公共危机。

W 社区公共安全治理结构以社区社会组织为载体，对内链接社区居委会和社工站的权威性资源，对外链接各企事业单位的配置性资源，发掘社区领袖、吸纳积极分子参与公共事务治理，实现社区公共安全供给的社会化机制。治理功能的发挥与治理结构、治理机制紧密相关。在治理机制发挥作用的前提下，根据居民的公共安全需求，社区自发地培育公益性服务志愿组织，如志愿巡逻队等社区社会组织，提供资源、巩固权威，使之具备办事的能力，进而可以提升社区治理的整体性和社会化功能。

---

① 徐勇：《论城市社区建设中的社区居民自治》，载《华中师范大学学报（人文社会科学版）》2001 年第 3 期。

## 四、发展路径与共治格局

W 社区地处中西部农业型地区,政府财政实力不足,当地社区居委会的工作经费极其有限。在组织孵化过程中,社区两委组织提供权威支持和人力资源支持,成为组织成长的坚实后盾。此外,组织吸纳社区行政资源和社工的技术资源,动员辖区内有意愿和有能力的企事业单位、社区居民共同参与治理,实现社会关系与资源等社会资本要素的功能性整合。最后,组织以回应居民需求为治理基础,以关系和资源等社会化要素整合为治理动力,以"居委会—社工站—社区社会组织—居民"共同参与为治理结构,促进治理基础、治理动力、治理结构的重塑,实现社区公共安全治理社会化机制。它合理平衡政府与社会的关系,让居民等社会力量成为社区治理的主体,探索了一条多元主体合作的社区公共安全治理道路,形成了共建共治共享的公共安全治理格局,为实现社区和谐提供了新的实践经验,值得我们借鉴。

(1) 整合社区资源,增强治理活力。在社区行政资源有限、市场发展不充分的情况下,要积极拓宽社区资源的来源渠道,激活社区内生资源,链接社会资源,发动辖区各企事业单位共享资源,实现社区内外资源合理配置,共同服务于社区公共建设。仅仅依靠政府资源分配不足以满足社区治理的现实需要,只有充分调动和整合社区内外社会资本,才能增强社区治理的活力,从而让更多的居民享受到社区共同体生活带来的福利。

(2) 培育社区社会组织,提升社区自治能力。社区要大力培育社区社会组织,鼓励和支持社区居民参与社区治理,共同解决社区公共问题。积极引导社区居民在环境整治、社区治安等方面成立社区社会组织,激活居民的社区责任感,实现微自治。以社区社会组织为载体,使治理资源供给主体从政府向社会转型,使服务更具有广泛性和适应性,实现与社区居民的直接、有机联系,增强社区居民的归属感和认同感,提升社区自治能力和水平。

(3) 激励社会主体参与,构建共建共治共享格局。在问题多发且复杂的"村改居"社区,治理社区公共问题,关键在于培育社会力量、创新治理方式。通过开展社区服务活动,发掘社区积极分子,培养社区社会组织领袖,吸纳和增能各类有意愿、有能力的社会主体,实现社区治理主体社会化。在社区治理现代化要求之下,加强政府和社会的合作,构建政府搭台、社区运作、社会参与、居民受益的共建共治共享的现代化治理格局。

# 公共安全视角下我国政府数据开放风险防范研究

王丽莉　杨璐铭*

**摘　要**：大数据时代，现代信息网络技术的迅猛发展，在为政府数据开放创造新条件和路径的同时，也使政府数据开放不可避免地面临信息泄露、网络攻击、技术管理漏洞等风险。本文基于公共安全的视角，分析了我国政府数据开放面临的严峻安全形势，在借鉴美英等国政府数据开放及风险防范实践经验的基础上，提出数据开放风险防范体系的构建，需要秉持开放与保护兼顾的态度，确立数据开放安全标准，设置专业组织统筹管理，鼓励社会合作技术创新。

**关键词**：大数据；政府数据开放；公共安全；电子政务；风险防范

自2009年美国联邦政府为推进透明化和问责制推出"一站式数据下载"网站Data.gov以来，开放政府和开放数据运动逐渐从欧美发达国家扩展至全球。根据国内外已有的政府数据开放及相关研究，本文将政府数据开放界定为：在保障国家秘密、商业秘密和个人隐私的前提下，国家机关、企事业单位、第三方部门等依法承担行政管理和公共服务职能的组织及管理机构，主动向社会有关利益各方开放其履职过程中生产和制作的、未经解读的一手资料和原始数据，并使之处于无须授权、自由可用的状态。[①]

## 一、我国政府数据开放的背景和意义

2015年，国务院《关于积极推进"互联网+"行动的指导意见》《促进大数据

---

＊ 王丽莉，管理学博士，中国政法大学政治与公共管理学院副教授，主要研究领域：公共危机管理、公共部门人力资源管理；杨璐铭，中国政法大学公共人力资源管理专业硕士，主要研究领域：公共人力资源开发与管理。

① 郑磊：《开放不等于公开、共享和交易：政府数据开放与相近概念的界定与辨析》，载《南京社会科学》2018年第9期。

发展行动纲要》等重磅文件的相继出台，标志着我国正式确立大数据战略部署和顶层设计。在"互联网+政务服务"迅速推进的背景之下，数据开放和管理既是信息技术发展和信息共享需求的结果，也具有释放数据红利的经济价值和提升治理能力的政治意义。

### （一）信息技术发展：基础条件

互联网时代，人类社会的一切行为和实践都以数据的形式被记录、被存储、被处理。云计算、物联网等现代技术手段的运用，将各类物理"端"上接收的数据、信息传输到可以分类处理、计算的中枢系统——"云"平台，使数据的收集、处理从少数、独立的点变成大量、关联的网，从简单的静态分析变成实时的动态交互。物联网在为用户提供不拘泥于任何场合、时间的应用场景和良性互动的同时，也实现了数据对社会用户最大限度的开放，促进居民智能生活和政府智慧治理的实现。[①]近年来，我国政府在与大数据相关的通信、存储和计算基础设施方面进行了大力投资与建设，促进了数据来源拓宽、数据内涵拓展、数据价值增长，为政府数据开放提供了必要的技术条件和基础。

### （二）数据共享需求：社会前提

政府是多个领域最大的数据生产者和收集者，不仅掌握社会管理方面的基本信息数据，也拥有科技、教育、卫生、公共交通等部门的专门业务数据。长期以来，由于各层级和职能部门间平台不互通、数据不共享，导致政府管理成本增加、办事效率低下。我国大数据战略的实施，一方面要求政府部门间通过协调优化数据资源，构建互联互通、信息共享、数据开放和业务协同的管理与服务体系，满足自身业务流程重构、监管职能履行、政策研究制定的数据使用需要。另一方面要求政府回应来自外部公民、企业和社会组织对于数据利用的强烈要求，推动部门、地区、行业、领域间的数据资源开放共享，破除传统官僚体制下部门条块分割造成的数字鸿沟，促进单方面、简单式、非动态的"政府信息公开"走向层次更高、价值更多、意义更大的"政府数据开放"。可见，大数据环境下对于消除信息孤岛、共享数据资源的需求是政府数据开放的社会前提。

---

[①] 新玉言、李克：《大数据：政府治理新时代》，台海出版社2016年版，第12—15页。

## （三）释放数据红利：经济价值

目前，大数据逐步渗透到各个领域，一方面，它有利于推动社会生产要素的网络化共享、集约化整合、协作化开发和高效化利用；另一方面，它能持续激发商业模式创新，成为互联网等新兴领域促进业务创新增值、提升企业核心价值的重要引擎。因此，《促进大数据发展行动纲要》中将大数据定位为推动双创运动、促进经济转型的战略性资源。政府在社会数据网络使用及信息数据利用方面具有明显优势，政府数据从本质上讲属于归全社会所有的公共产品，把政府数据开放和市场基于数据的创新有机结合，降低政府与公众的信息不对称程度，最大限度地实现数据开放和共享，能够把过去数据割裂造成的负担转变为数据开放激活的红利，为经济运行释放无穷的动力。

## （四）提升治理能力：政治意义

技术变革是政府治理现代化的重要推动力量。我国政府数据开放实践起步较晚，但随着全国"互联网＋"政务服务技术体系的规范化发展，北京、上海、江苏等很多地方政府数据开放的局面也逐步推开，一定程度上改善了过去部门系统分割、信息资源分散、开放质量不高的情况。开放政府数据为社会共享，将激活政务信息化建设中积累的海量数据资源价值，提高电子政务水平和办事效率，吸引社会公众参与国家和政府管理，能够为城市安全、社会管理、环境保护、交通监管、医疗卫生等众多公共管理问题提供新的解决方案，促进政府决策的科学化和民主化。同时，政府数据开放正全面倒逼政府体制改革，实现跨层级、跨地域、跨系统、跨部门、跨业务的协同管理和服务，提升政府公共管理和服务能力，推动政府治理理念的转变、治理模式的转型和治理手段的创新。

## 二、我国政府数据开放的风险与挑战

尽管开放政府数据为社会共享已经成为大势所趋，然而数据挖掘、算法统计等技术手段在数据采集、存储、分析方面的广泛应用，也使数据驱动的政府信息环境变得愈发混乱多变。尤其是当前我国正处于一个矛盾的突发期，网络信息安全和社会稳定问题相互交织，进一步加大了政府数据开放和实现公共安全之间的张力，政府数据开放不可避免地面临来自诸多风险的挑战。

## （一）私密信息泄露：侵犯公民权利，降低公信程度

数据开放共享既是对公民知情权、参与权等民主权利的有力保障，但同时也意味着公民隐私权和数据权在一定程度上的出让和损失。互联网和大数据的出现，使隐私保护问题已经突破传统的法律界限。今天，采集个人数据的工具就隐藏在我们日常生活所必备的物品当中，即便名字、生日、住址和信用卡号这些能揭示个人情况的信息都不出现在数据集里，但随着数据量和种类的增多，也能通过数据内容的交叉检验作出精准的推测。尽管公民在使用各类通信、社交工具等产品时透露了自己的部分隐私，但并不意味着他们就授权数据收集方和使用方向社会公开。一时轰动的"棱镜门"事件就曾经引发民众对于政府侵犯个人隐私的极大担忧，使美国政府的公信力受到了很大的影响。[①] 因此，政府应当在数据开放和管理行为中注重对公民个人隐私的保护，特别是在根据大数据预测进行关乎公民个人利益的决策时，在安全与自由、国家权力与公民权利之间寻求新的制衡机制。

## （二）非法网络攻击：窃取国家机密，威胁公共安全

随着经济全球化的发展，大数据正在重塑未来国际竞争格局。世界各国对于数据的依赖快速上升，综合国力竞争的焦点已经从资本、土地、人口、资源转向了对大数据的争夺。由于政府实体在社会生活和国家管理中的重要位置，信息网络系统所控制的庞大数据包含了涉及诸多领域的机密信息。比如，石油和天然气管道、水、电力、交通、银行、金融、商业和军事等由国家信息基础设施所承载的原始数据，对国家经济发展、政治稳定和社会安全都具有重要的战略意义，很容易成为不法分子和情报机构利用的工具。一旦这些数据遭到黑客的窃取、删除、篡改、加工、传播、利用，就会危及经济利益并引发社会的集体恐慌，衍生社会风险和政治风险，甚至威胁全球稳定和世界和平，引发的混乱后果将不堪设想。因此，必须充分考虑政府所处的内外部环境中存在的各种风险来源，警惕违规泄露和恶意攻击，

---

① 邹鸿强：《大数据应用机遇、共享开放、安全挑战》，载《信息安全研究》2018年第8期。

在不影响公共安全秩序的前提下开放政府数据。①

### （三）技术管理缺陷：损毁数据平台，破坏公务系统

政府数据的开放依靠"互联网+"政务服务技术体系，也无法避免互联网平台在信息技术基础设备和网络硬件层、软件层以及安全保障机制层固有的安全风险。洪水、地震等自然灾害的不可抗力可能会对网络基础设施造成极大破坏，内部人员的不当操作或外部黑客的恶意攻击，服务器、机房等工作区域物理环境中设备老化、电磁泄漏或者线路故障等安全隐患，都会对搭建在互联网平台上的政务服务系统构成一定的风险威胁。②再加上电子政务系统内用户越来越多，各类业务越来越整合化，但由于互联网在安全预警、快速反应、防御能力和资源恢复等方面本身也存在缺陷，所以极有可能出现某一部门计算机感染的病毒迅速扩散到整个政务网络，导致电子政务系统的全面瘫痪，影响政府为公民提供高效、及时、便捷的公共服务。

由此可见，在网络更发达、信息更透明、环境更复杂的大数据时代，必须高度重视政府数据开放及其安全风险防范和治理，加强涉及个人隐私、商业机密乃至公共安全的政务数据的安全保护，从认知、技术、管理、法律等角度构建全面的数据开放安全保障体系，切实保障电子政务数据的开放性和系统的安全性。

## 三、政府数据开放风险防治的国际经验

近年来，很多国家都将政府数据开放作为一项重点推进的战略工程，比如澳大利亚《公共数据政策宣言》、马耳他《国家数字化战略2014—2020》、印度《国家数据共享和可获取政策》等③。相较我国，以美、英为代表的西方发达国家电子政务发展相对成熟，也率先兴起开放政府数据、建设阳光政府的探索和实践，在政府数据开放的风险防治方面也积累了很多经验，从宏观层面的数据文化战略意识、中观层面的数据治理法规制度到微观层面的数据开放管理实践，对我国都具有普遍的借鉴意义。

---

① 侯晓丽、彭靖、赵需要：《政府数据开放中国家秘密的泄露风险与保护策略》，载《情报理论与实践》2018年第7期。
② 谢友宁、徐静保、高依旻编著：《电子政务战略与安全管理》，江苏大学出版社2014年版，第188—192页。
③ 才世杰、夏义堃：《发达国家开放政府数据战略的比较分析》，载《电子政务》2015年第7期。

## (一) 推行数据开放行动计划

作为电子政府和数字政府的先驱,美国致力于创造一个前所未有的开放政府,将开放政府数据作为培养社会民主、监督政府行为的重要工具。早在 1983 年,美国就在计算机领域掀起了"软件开源运动",以促进软件技术的传播与交流。1997—2007 年,美国政府先后建立了政府数据开放平台 Fedstats. gov、Recovery. gov 和 USA spending. gov,对政府不同主题的各类数据进行公开。2009 年 1 月 17 日,奥巴马签署了他的首份总统备忘案《透明和开放的政府》,提出透明、合作及参与的开放政府原则目标。随后,管理与预算办公室(OMB)公布《开放政府指令》,要求联邦政府不断扩大公共数据的开放范围,在开放网站发布更多的数据集,提供数据分析等技术工具,解决信息不对称问题,促进数据再利用。同年 5 月,数据开放的门户网站 Data. gov 作为政府开放运动的顶级项目正式启动,旨在全面开放美国联邦政府拥有的数据,提高联邦政府数据的可获取性和可使用性。2013 年发布的《13642 号总统行政令:将公开与机器可读作为政府信息的新标准》和《开放数据政策——管理作为资产的信息》备忘录进一步表明美国当局对于政府数据开放的重视程度。此外,从 2011 年到 2015 年期间,美国政府每两年发布一次"开放政府数据计划"(Open Government National Action Plan),不断扩大政府数据开放领域,企业与公民可用的数据资源也逐渐丰富。[1]

根据万维网基金会 2016 年发布的《开放数据晴雨表》,英国已经成为目前世界上政府数据开放程度最高的国家。英国政府将数据视为开发新服务和新产品的原材料,卡梅伦当选为首相之后,更是进一步提出了"数据权"的概念,将其视为信息时代每位公民都应该拥有的一项基本权利。2010 年,英国正式启动政府数据开放平台 Data. gov. uk,上线第一天就公布了 3000 多项民生数据。和美国一样,英国也制定了持续的政府开放国家行动计划,旨在拓宽公众数据获取和使用渠道、引导公民有序参与数据治理、满足政府的开放合作改革转型需求。《英国开放政府国家行动计划 2016—2018》以 2011—2013 年、2013—2015 年的开放政府国家行动计划为基础,在反腐败战略和创新、受益所有权公开、提高地方当局透明度、信息基础设施建设、执行开放承包、授权数据(拨款计划、补助支出等)监管、统一选举数据通报标准、识别和发布核心数据资产等方面作出了进一步承诺,确保收集、使用和提

---

[1] 邓崧、葛百滔:《中外政府数据开放比较研究》,载《情报杂志》2017 年第 12 期。

供最高质量的数据给重要利益相关者，为政府数据资源开放和资产管理作出了清晰的战略指导。①

新西兰也是数据开放运动最早的国家之一，2008年发起了开放政府信息与数据计划，2010年6月《新西兰政府开放与授权框架》确立。新西兰国土资源部建立的geodata.govt.nz是最先开放的政府数据网站，主要为用户提供地理性数据信息；Data.govt.nz覆盖了农业、教育、健康、司法、人口、地理和旅游等政府部门及机关的数据性信息，是目前新西兰政府开放数据最重要的渠道。此外，Statisphere.govt.nz发布统计类数据，www.archives.govt.nz公布政府文书类数据，这四个网站几乎囊括了新西兰政府的所有可公开信息及数据。不同于英美由需求带动的政府数据开放模式，新西兰的数据开放完全由政府主导和推动，将数据和信息治理放在管理的优先位置予以重视。2011年，新西兰政府发布《开放及透明政府宣言》明确要求：所有公共服务部门应承诺积极披露高价值公共数据以促进数据再利用；《新西兰政府数据和信息管理原则》确立了方便获取、开放可用、合理定价、优质管理和重复利用的原则，也规定政府的数据管理需要保护个人数据，保障数据的可信与权威。2016年，新西兰与美、英等国结为开放政府合作伙伴，围绕"促进开放数据利用和制定相关原则的目标，追踪开放数据的进展和成效"制订了国家行动规划。②

### （二）健全数据信息法律体系

法律先行一直是西方国家建设开放型政府、促进国家信息化发展的重要理念，在数据质量标准、信息安全等级、流程监管、知识产权、隐私保护等多方面法律制度的完善，为政府数据开放的具体实践提供了必要的原则和方法。

围绕权利保障、数据收集、数据发布、数据质量、隐私安全等五大领域，美国构建了完善的数据开放法律法规政策系统。1966年，《信息自由法》拉开了美国政府信息公开的序幕，该法规要求，联邦政府的记录和档案除某些政府信息免于公开外，原则上向所有人开放，对全球政府数据开放具有划时代的意义。随后美国推行的《隐私权法》（1974年）、《阳光下的政府法》（1976年）以保护公民、法人及其

---

① 武莉莉：《英国政府开放数据的实践及启示——以〈英国开放政府国家行动计划2016—2018〉为例》，载《新世纪图书馆》2018年第9期。

② 程银桂、赖彤：《新西兰政府数据开放的政策法规保障及对我国的启示》，载《图书情报工作》2016年第19期。

他组织的隐私权、知情权和参与权等民主权利为目标，旨在解决开放环境下政府数据利用中频频出现的隐私侵害、数据泄露等问题。2014年，奥巴马总统签署的《数字问责和透明法案》是美国首个关于数据透明度的法律授权，它要求财政部及白宫行政管理和预算办公室将与联邦支出相关的非连接文件转换成开放的、标准化的数据，提高了政府网站公布的数据可靠性和可用性。其他诸如《信息自由法》《政府信息公开法》《个人隐私权保护法》《美国联邦信息资源管理法》《网络情报共享与信息法》等30多部法律法规，促使政府数据管理的内容框架逐步清晰全面，为政府数据资源的开放和开发、共享与共治创造了安全的法制环境和文化氛围。①

2000年11月，英国正式颁布了《信息公开法》，明确指出公民享有获取政府所掌握信息的权利，该法要求公开除国家安全等18种豁免情况外的所有政府信息，并详细规定了公民获取政府信息的程序、范围和实施机关。此后，英国积极开展各项数据和信息公开法律制度的系统性修订和更新，《公共部门透明委员会：公共数据原则》《开放数据白皮书：释放潜能》《G8开放数据宪章英国行动计划2013》等一系列文件，将英国的政府数据开放置于一个相对完备的法制体系之中。为了使政府创建、搜集、使用、公开、加工的所有信息遵照共同标准和统一规范，制定了《公共数据原则》（2012年）、《政府开放数据5星评分标准》（2012年）、《数字服务标准》（2016年更新）、《政府开放标准指南》（2018年更新）。2014年，开放数据研究所制定的《英国开放数据路线图2015》对政府数据行动计划进行了系统化阐述，包括制定连贯的开放数据战略，开放更多公共数据，支持更广泛的数据利用以及提供数据培训和技能拓展等。《数据保护监管行动政策》（2013年）和2018年5月生效的《一般数据保护法规》取代了1998年《数据保护法案》，将数据安全风险防范纳入数据生命周期管理的每个阶段，为开放环境下英国电子政务信息安全与公民隐私权利保护提供了有力的法律依据。②

## （三）完善数据管理行政体制

除了依靠宏观政策的指导和推动之外，政府数据开放行动的有序开展，关键在于设立专门组织机构对数据开放工作统筹规划，健全相关管理制度，为政府数据开放风险防治提供组织保障。通过科学合理的工作分析、流程设计和人岗配置，将政

---

① 黄璜：《美国联邦政府数据治理：政策与结构》，载《中国行政管理》2017年第8期。
② 朱贝、盛小平：《英国政府开放数据政策研究》，载《图书馆论坛》2016年第3期。

府数据开放的具体职责落实到位，保证数据开放和监管政策在各个部门与层级得到全面认可与有效实施。

为了保证数据开放能够长久、稳定的推行，新西兰政府在管理上采取三级行政体系，在国家层面由政府 CIO（Chief Information Officer）负责，目标是建立一个单一的、合作共享的信息通信技术体系；部级设置政府数据开放管理小组和政府数据开放执行小组，分别负责跨部门数据开放共享项目的制定、修改和施行监督；在基层设立专职数据员，负责本部门数据开放政策的贯彻实施。[①] 为了解决政府数据开放涉及的隐私安全问题，新西兰政府在各个部门及机构中都设置了首席隐私官的职位，要求有关部门和机构在开放数据之前必须对数据进行审核，充分考虑到数据是否涉及隐私、国家机密、商业秘密以及版权，排除掉那些可能会危害公共安全、侵犯个人隐私和企业利益的数据。在具体的操作、实施环节，各级人员都有比较完备的指导文件，每个操作人员可根据自己所在岗位，按标准流程进行工作，避免了数据开放过程中的失误、错漏等情况的发生。

此外，美国、英国、加拿大等国都建立了政府 CIO 制度，明确政府 CIO 的职责是制订跨部门业务联合战略、支持公共服务转型、提高政府工作效率以及通过经济有效的方法保障 IT 安全。为了有效防治政府开放数据面临的各种安全风险，英国专门成立 IT 委员会负责办公网安全运行，防止病毒或黑客攻击；在中央政府各部配备专门负责数据安全管理的隐私保护专家，承诺对公共部门信息的使用情况进行独立评估，责成有关职能部门和新闻办公室专人负责严格审查哪些信息必须上网、哪些信息不能上网、哪些信息必须及时清除。加拿大也成立了国家信息安全保障委员会，负责政府的数据和信息管理的安全保障，各职能部门根据法律与政策规定履行政府信息和数据管理的职责，以促进存取平等、增强社会公信度、优化信息共享与利用。[②]

（四）搭建数据安全技术平台

在信息越来越多、计算量越来越大、数据越来越需要结构化的产业背景下，云计算能够切实从技术上帮助政府部门解决信息实时共享困难、数据利用效率不高等问题。充分依托符合安全要求的第三方云平台开展政务云建设，形成政务服务大数

---

① 李志新：《新西兰政府数据开放机制及对我国的启示》，载《大学图书情报学刊》2016 年第 4 期。
② 杨东谋、罗晋、王慧茹等：《国际政府数据开放实施现况初探》，载《电子政务》2013 年第 6 期。

据的超集,推动政府数据引进和数据开放,是大数据时代很多国家政府数据开放战略落地的重要技术手段。

为了解决联邦政府电子政务基础设施安全、性能和成本三方面的问题,美国政府先后公布《联邦政府云计算战略》和《公共机构云计算纲要》,不仅每年将庞大的公共预算用于云计算服务的采购,还聘请了工业界和学术界专家成立云委会指导政府的云战略实施,旨在用稳固连接、使用灵活的云平台为政府部门共享 IT 服务和数据资源提供支持。针对美国联邦政府的安全需求,微软宣布了一款专门为美国联邦政府定制的全新的云计算服务,能够提供比常规云计算服务更高的安全标准,增加了一系列的安全和隐私认证机制,包括后台指纹验证和其他生物特征识别技术等。目前,美国是唯一将云计算全面应用于政府机构的国家,各部门正在努力通过云技术整合数据中心,在其业务服务上采取"云优先"迁移策略,以有效利用政务信息数据资源,提升服务质量、降低服务成本、提高用户参与度、增强决策科学性。例如,芝加哥住房署希望整合数据表和其他数据,以实现信息共享以及信息异地实时接收,由于其对于数据安全具有较高的需求,因此采用了将云方案与传统的CRM 系统对接的做法,将其安全系统建立在原系统上以确保数据存取和管理安全。

日本政府一直以来都大力支持"云"的普及,一方面利用云数据、云计算打造创新型电子政府,另一方面高度重视云产业建设和云安全保护。日本政府信息系统使用云计算等创新型技术打造"霞关云",目的在于提供安全先进的政府服务;建设云计算特区吸引国内外企业为日本构建最大规模的数据库,从而支持海量数据的市场开发和应用。同时,日本构建了"产学官"三位一体的合作体制,即产业界、研究教育机构和地方政府共同促进"云"的发展,试图减少由于过度依赖外国企业提供的"云"服务对国家安全保障根基造成的威胁。设置政务云服务的采购保障机制,积极利用云安全监管机构和协会对国内云服务进行管控,通过在"政府机关的信息安全对策统一基准"指导下的应用管理,确保政务网络平台和数据共享系统的安全性和可信性。①

## 四、构建我国政府数据开放风险防治体系

总体而言,在我国,有些地区和部门并没有正确处理政府数据开放和公共安全保护的平衡关系;与先进信息生产力相适应的法律法规和监管制度尚未建成;制约

---

① 柳琰、范伟、黄伟庆:《国外政府电子政务云应用探析》,载《保密科学技术》2012 年第 4 期。

数字红利释放的体制机制障碍仍然存在；数据开放平台的建设缺乏技术和人才的有力支撑。① 因此，亟须以维护公共安全和社会利益为目标，构建适应大数据环境的政府数据开放风险防治体系。

（一）辩证认识数据开放，加强风险防范教育

政府数据库汇集了包括人口、法人、地理空间信息、电子证照的基础信息，也包括财政、金融、税收、海关等职能部门掌握的业务数据。这些数据来源于国家、部门、机构核心政务，涉及个人隐私、商业机密乃至国家安全。在政府数据的开放过程中，既不能以保护政府信息安全为由将数据资源束之高阁，或者制造信息壁垒和数字鸿沟影响数据开放进程的推进；也不能一味强调数据开放的意义而忽视数据系统的安全保障，破坏政务信息的保密性和完整性，影响互联网政务服务门户、政务服务管理平台、业务办理系统的正常运行，甚至危及公共安全。此外，尽管开放政府数据是"互联网+"背景下提高政府服务效能、打造透明政府的必然要求，但对于第三方组织、企业、个人等数据使用者而言，权利和义务具有统一性，他们在享有政府数据和各类公共信息资源开放权益的同时，也必然成为政府数据开放安全风险防治的主体。

不论是从政府还是从社会层面来看，我国政府数据的利用缺乏自由开放与安全保护并重的态度，有的政府部门信息管理人员开放意识不强，非政府组织以及公民个人等数据使用者对数据安全保护的意识也相对淡薄。② 因此，一方面，政府工作人员必须同时树立数据开放共享意识和数据风险防范意识，严格遵守各项业务处理流程规定，依法履行保守国家秘密和工作秘密的义务，主动接受信息安全保护和数据风险应对相关课题的培训，提高计算机操作技能和业务信息化水平，增强推进政府数据开放行动的责任意识。另一方面，要加强对社会公众的宣传教育力度，通过多样化的新媒体渠道宣传数据开放的价值，普及个人信息、国家敏感信息泄露的危害性等相关知识和政策法规，激发社会公众的权利意识、责任意识、法治意识，形成政府和公民、企业以及非政府组织在数据开放之路上的良性互动。

---

① 邓林艳：《中国政府开放数据现状研究》，载《信息技术与信息化》2018 年第 9 期。
② 朱玲玲：《基于开放数据晴雨表的我国政府数据开放研究》，安徽大学 2018 年硕士论文，第 21—23 页。

## (二) 确立数据安全标准，制定配套法律规范

2015年《国务院关于印发促进大数据发展行动纲要的通知》明确提出建设政府数据资源共享开放工程；2016年《国务院关于印发政务信息资源共享管理暂行办法的通知》对政务信息资源分类与共享要求、共享信息的提供与使用、信息共享工作的监督和保障等做出了规范性的要求，成为推动政务信息资源共享的纲领性文件。然而，现有的政策法规侧重于数据资源的构建与内部共享，对于政府数据的对外开放与社会共享方面提供的支持有限，仅有少数地方政府制定了数据开放和共享的系列标准，如广东省2018年4月实施的《电子政务数据资源开放数据技术规范》《电子政务数据资源开放数据管理规范》，在政府数据资源质量要求、开放内容、管理环节等方面作出了具体指导。另外，目前我国对于数据开放安全的法律保障基本上都出自于《中华人民共和国网络安全法》《中华人民共和国国家安全法》等关于信息安全或者网络安全的条文之中，并没有以专门的法律形式明确和统一政府数据开放安全的规范和标准。

由此，我国需要进一步完善数据开放安全的法律制度，出台大数据环境下的数据开放安全保护法律，并以该法为核心制定《政府开放数据资源安全管理办法》等配套政策法规，在教育、统计、科技等关键领域专门制定数据开放标准和规范，切实加强对涉及国家利益、公共安全、商业秘密、个人隐私、军工科研生产等信息的保护。以政策文件为依据确定数据源单位，对已开放的政府数据平台上的数据行为进行规范和约束，对于泄漏国家机密、侵犯个人隐私、非法买卖数据等行为予以相应的刑事处罚，对数据采集、组织、开放、利用等各个环节采取不同的保护手段，对于敏感类、实施动态类数据采取不同的开放方式，推动国家、地方、部门协同立法，力求寻找到我国政府数据开放共享与数据安全保障之间的最佳平衡点。

## (三) 设置专门机构统筹，明晰开放管理责任

当前，我国数据开放平台主管部门主要分为三类，一是信息公开（电子政务）主管部门，比如浙江省政府数据开放平台由省政府办公厅牵头建设；二是信息化（网络信息与安全）主管部门，比如武汉市政府公开数据服务网由市互联网信息办公室承建；三是依托经信委或工信厅及其下设的数据资源主管部门，比如北京市经信委牵头建设北京市政府数据资源网；贵州省经信委组建贵州省大数据发展领导小

组办公室，主导贵州省政府数据开放平台建设；广州市工信委、成都市经信委都设有大数据管理局对当地政府数据开放平台建设加以统筹。[①] 可见，不同地方对政府数据开放平台的建设作出了大胆的探索，但由于我国没有在中央层面成立统一的数据开放管理机构，再加上各地开放意识、技术水平和管理实践中的差异，不同地方政府数据开放的主责机构各异、工作重点不一、职权划分不明，很有可能走向开放过度或不开放两个极端。

因此，我国政府数据开放风险的防治需要设置专门的机构加以统筹管理，形成从中央到各地方层次分明、互通互联的信任与合作网络。在中央层面，在梳理现有数据管理或信息化职能部门的基础之上，考虑设立国家数据开放领导机构，建设适合中国国情的 CIO 制度，明确数据采集、传输、存储、使用、开放等各环节的主体、权责和具体要求，打造集约化的政务数据共享平台。在地方层面，需要结合地方行政管理职能架构，按照信息系统安全等级保护要求，明确各单位各部门各基层岗位的责权，通过资源目录服务系统和数据质量管控机制，为地方政府数据开放利用准备优质数据资源，建立起一套统筹协调有力、体现地方特色、对接国家管理体系、相互配合支持的数据开放管理行政运转体系。

### （四）吸引社会共同参与，创新核心防护技术

我国在高端芯片、核心软件、关键元器件以及专用设备、仪器仪表等关键领域缺乏自主知识产权，对外依存度较高，核心技术受制于人，已经成为目前我国政府数据开放安全的最大隐患。防范政府数据开放的风险，必须提升自主创新能力，构建数据开放安全防护技术体系，全面打造由政府主导、社会协同、公众参与的数据开放安全风险防治模式。

第一，加大政府的财政资金投入力度，注重对现有数据中心及服务器资源的改造和利用，支持防火墙、防毒墙、身份认证系统、堡垒机、流量控制、数据备份、灾难恢复等关键技术研发，提高大数据处理、分析、可视化软件和硬件支撑平台等产品的国际竞争力。第二，充分利用现有企业、政府、行业协会等数据资源，应用云计算、物联网、区块链等新兴技术，以服务外包、社会众包等方式，推动多元主体参与政府数据社会化增值开发服务，建设绿色环保、低成本、高效率的大数据基础设施，搭建区域性、行业性数据汇聚平台。第三，要制定和完善政府采购专业信

---

① 张勇进：《我国地方政府数据开放现状研究》，载《中国行政管理》2016 年第 11 期。

息技术服务的规范化制度，保证互联网企业大数据技术产品和服务应用的安全性，实现标准数据开放服务、规范接口应用管理、实时数据运行监控，对政府数据开放的效用进行持续的追踪与评估。第四，要大力培养专业化、复合型、创新性数据科学人才，明确政府数据开放安全技术人才所必备的知识、素质、能力要求，融合数理科学、计算机科学、社会科学及其他应用学科，深入开展基础项目和复杂网络研究，强化政府部门与大专院校和企业的合作，为从数据大国转变为数据强国储备核心人才。

总之，政府数据开放风险防治体系的构建，需要改变传统的政府信息管理思路，引入公私合作、政企互利的数据开放风险管理机制，形成"政产学研用"多方联动、协调发展的数据开放及安全保障系统。以开发自主核心技术为基本保障，以普遍应用安全核心技术为基本手段，围绕物理安全、数据安全、网络安全、系统安全、应用安全，综合运用法律、制度、组织、管理、技术等多种安全保障措施，形成政府管理者与数据创造者、系统设计者、技术开发者、资源利用者之间合作互惠、风险共担的伙伴关系，推动政府数据开放与管理水平的提升。

# 基层治理

# 制度调控利益：改善劳资冲突民主化治理的主要策略

汪仕凯　王　威*

**摘　要**：劳资冲突民主化治理，既是现代国家治理的一般特征，又是中国国家治理的必然要求。但是，当前中国劳资冲突民主化治理的水平远远不能满足现实的需要，因此必须在清楚界定劳资冲突民主化治理领域的基础上推行有针对性的政策，进而从根本上改善劳资冲突民主化治理的水平。在健全企业民主制度的诸种策略中，从改善劳动者的社会与经济权利的角度重新界定劳动者的利益，是健全企业民主制度的基础性策略；以制度重组的方式重构生产领域中的"内部国家"，则是健全企业民主制度的关键性策略；而推进福利制度建设、塑造宏观的政治环境、整合工人阶级则是健全企业民主制度不可或缺的配套性策略，只有当此类策略存在的前提之下，利益重新界定和"内部国家"重构这两种策略才能发挥实效。由于健全企业民主制度是一个涉及多个领域、需要多种策略共同推进的系统性工程，因此健全企业民主制度必然是一个长期的过程。在此过程中制度建设、制度革新、制度重组都将成为企业民主制度发展的重要方式和基本形态。

**关键词**：劳资冲突；民主化治理；国家治理

中国在过去几十年的时间里，经历了快速且规模巨大的工业化。从社会结构的角度观之，中国工业化进程制造了数以亿计的新型产业工人，与此同时，也造成了越来越严重的劳资冲突。从国家治理的角度观之，通过协商民主的途径保障劳动者的合法权益，已经构成了正确应对中国社会主要矛盾的重要内容。劳资冲突民主化

---

\* 汪仕凯，华东政法大学政治学与公共管理学院教授，主要研究领域：中国政治与政府；王威，华东政法大学政治学与公共管理学院硕士研究生，主要研究领域：中国治理。

治理，既是现代国家治理的一般特征，又是中国国家治理的必然要求。甚至可以说，能否不断改善劳资冲突民主化治理的水平，将在很大程度上制约着中国国家治理现代化的进程。劳资冲突民主化治理是中国在快速工业化的同时缓解社会矛盾的必由之路，但是当前中国劳资冲突民主化治理的水平远远不能满足现实的需要，因此必须在清楚界定劳资冲突民主化治理领域的基础上推行有针对性的政策，进而从根本上改善劳资冲突民主化治理的水平。

## 一、健全企业民主制度的领域

企业民主制度是在工业生产领域实践的国家制度，承担着整合工人阶级的政治职能和调控劳资冲突、维持劳资和平的社会职能，因而在现代国家治理的过程中占据了重要的位置。企业民主制度是现代国家回应工人阶级挑战的产物，根据现代国家建设的一般经验，工人阶级在组织化团结的基础上结成集体性力量进而调整政治秩序，是现代国家建设进程中自然发生的重大事件，为了实现缓解工人阶级的挑战，从而将工人阶级纳入到现有政治秩序的目的，统治精英在不同程度上将民主引入生产领域，最终形成了一套能够在生产领域中保障劳动者公民权利的企业民主制度。企业民主制度的实践起到了将劳资冲突从公共政治领域送回到生产领域的效果，从而能够将劳资冲突限制在生产领域，并且保障了工业公共政治领域的和平秩序，换句话说，企业民主制度在现代国家治理过程中充当了衔接公共政治领域和工业生产领域两者之间的安全阀门。

中国企业民主制度的实践虽然已经超过了半个世纪，但是中国企业民主制度经历过多次重大的调整，中国企业民主制度的现状远远不能满足中国工业生产领域劳资冲突对企业民主的需求，也没有实现党和政府为企业民主制度设定的政治和社会目标，所以健全中国企业民主制度的任务就显得十分迫切。作为现代国家治理过程中的一个关键环节，企业民主制度虽然以工业生产领域为具体的实践场所，但是企业民主制度所产生的影响却远非工业生产领域所能概括，同样支持企业民主制度有效运转的条件也绝非局限在工业生产领域之内。工人阶级当然是推动企业民主制度发展的重要动力，但是企业民主制度从一种设想转化成为国家制度，再从一种国家制度转化成为积极的实践效果，是多种因素在多重领域共同作用的结果，因此企业民主制度的发展需要从多个领域共同推行。中国企业民主制度的问题正在于党和政府未能从系统的角度来发展企业民主制度，而要想建立完善、成熟的企业民主制度，就必须首先厘清健全企业民主制度的领域，从而从系统的角度来推进企业民主制度的发展。

德国企业民主制度的实践过程比较典型地诠释了推进企业民主制度发展的系统性。沃尔夫冈·多伊普勒（Wolfgang Däubler）在分析德国的企业民主制度时写道："'维护和促进工作和经济条件'，或简而言之，'维护雇员权益'这句话有多种含义。仅仅从字面来看，这句话并不一定限于劳动市场，而且还可能包括整个经济生活。由于经济生活部分由国家机关调整，维护雇员权益也可以扩展到政治领域的决策。"① 多伊普勒清楚地表明劳动者权利的维护或者说企业民主制度的实践牵涉到市场、生产过程、经济、公共政策等多个领域，德国的企业民主制度之所以在国际范围内成为维护劳动者权利的制度典范，基本原因就在于企业民主制度在多个相互联系的领域建立了自身的支持基础。立足西方发达工业国家推进企业民主制度发展的经验和中国企业民主制度的现实状况，本文认为必须从分配领域、生产领域、市场领域、政治领域、社会领域共同推进中国企业民主制度的发展，或者说健全中国企业民主制度的过程是由分配领域、生产领域、市场领域、政治领域、社会领域相互联系在一起的系统工程。

区分和界定健全中国企业民主制度的领域的目的在于，发现企业民主制度分别同分配领域、生产领域、市场领域、政治领域、社会领域之间存在联系，并且要根据不同的联系归纳出在不同的领域中健全企业民主制度的基本策略，只有当不同领域中的健全策略具有内在的统一性，从而在实践效果上形成了合力时，中国企业民主制度才能实现重大的发展和关键的进步。分配领域的健全策略指涉劳动者的物质收入和福利水平，就是要从改善劳动者的社会与经济权利的角度来重新界定劳动者的利益；生产领域的健全策略指涉劳动者的政治权利即民主管理权，就是以制度重组的方式重构"内部国家"，从而将公民的政治权利在生产领域中确立下来，并转化为劳动者的民主管理权；市场领域主要是指劳动力市场的竞争问题，而市场领域的健全策略就是推进福利制度建设，在为劳动者提供基本生计的基础上实现劳动力在一定程度上的去商品化；政治领域的健全策略则是指强化劳动保护立法和企业民主制度的建设进程，特别是要形成支持企业民主的政治意识形态，从而为企业民主制度的实践塑造良好的宏观政治环境；社会领域的健全策略指向劳动者自身的发展，这就是促进工人阶级内部不同群体之间的整合和团结，发展劳动者之间的联系网络。

---

① 〔德〕沃尔夫冈·多伊普勒：《德国雇员权益的维护》，唐伦亿、谢立斌译，中国工人出版社2009年版，第11页。

虽然健全企业民主制度的策略在分配领域、生产领域、市场领域、政治领域、社会领域有着不同的具体内容，但是各种健全策略并不是相互分散的个体力量，而是围绕改善劳动者的社会与经济权利而相互联系在一起的整体。在分配领域中提高劳动者收入的份额，积极改善劳动者的社会与经济权利，是健全企业民主制度的基础性策略，只有当企业民主制度的实践不仅是简单的维护劳动者的权利，而是以改善劳动者的权利为核心目标时，企业民主制度才有坚实的现实基础和进一步发展完善的空间，对于中国企业民主制度而言尤其如此。为了能够在企业民主制度同劳动者权利的改善之间形成有机的关联，就需要存在于不同领域之中的多重条件的共同配合，首先就是要以制度重组的方式强化从事民主管理的机构，也就是生产领域中的"内部国家"，其次是要强化工人阶级的力量，增强劳动者同资本进行谈判的能力，所以一方面要建立福利制度，另一方面则是要促进工人阶级的团结，最后必须从党和政府的执政理念以及社会主流价值观念确立劳动者的重要位置，限制和清除阻碍企业民主制度的思想障碍。

总结而论，在健全企业民主制度的诸种策略中，从改善劳动者的社会与经济权利的角度重新界定劳动者的利益，是健全企业民主制度的基础性策略；以制度重组的方式重构生产领域中的"内部国家"，则是健全企业民主制度的关键性策略；而推进福利制度建设、塑造宏观的政治环境、整合工人阶级则是健全企业民主制度不可或缺的配套性策略，只有当此类策略存在的前提之下，利益重新界定和"内部国家"重构这两种策略才能发挥实效。由于健全企业民主制度是一个涉及多个领域、需要多种策略共同推进的系统性工程，因此健全企业民主制度必然是一个长期的过程。在此过程中制度建设、制度革新、制度重组都将成为企业民主制度发展的重要方式和基本形态，也就是说，中国企业民主制度的健全需要经过一个复杂的制度演化过程。

## 二、利益界定与权利改善

企业民主制度实践的实质内容是劳动者在行使民主管理权的基础上，实现和维护自身的社会与经济权利，也就是说劳动者的社会与经济权利才是企业民主制度的最终目的，劳动者获得的社会与经济权利的具体情况，是检验企业民主制度的基本尺度。劳动者的社会与经济权利同政治权利虽然都是公民权利的构成要素，但是政治权利更多的属于抽象的层次，政治权利是实现其他公民权利的基石，而社会与经济权利则属于具体的范畴，集中表现为一系列的物质利益，或者至少是以物质为基础的。既然劳动者的社会与经济权利必须以一定的物质条件为基础，那么社会与经济权利就必须同特定的国民经济发展水平相适应，超越特定的国民经济发展水平的社会与经济权利是难以想象的，故而也是难以长期维持的。当劳动者借助企业民主制度实现自身的社会与经济权利时，应当将实现切实可行的社会与经济权利确立为目标，只有如此才能持续不断地改善权利，并且不会导致由于追求社会与经济权利的改善，从而引发企业破产甚至经济发展受阻的不利后果。

对于中国而言，经济持续发展，社会也在逐渐转型，劳动者的社会与经济权利就存在一个伴随经济发展和社会转型而重新界定的问题。长期以来，劳动者的收入一直处在比较低的水平，劳动者的工资总额在整个国民收入分配中的份额相对较低，在企业生产成本中的比重也比较低，可以说劳动者并没有切实地享受到中国经济持续发展带来的成果。伴随着国民经济发展水平的提高，劳动者对于社会与经济权利的要求也会逐渐增加，而且由于劳动者对于自身收入水平过低形成了强烈的不公平感，所以当劳动者提出改善社会与经济权利、增加收入水平时，劳动者与资本往往会陷入激烈的冲突之中，近年来中国工业生产领域不断涌现的劳资冲突就是由劳动者为了提高收入水平而引发。蔡禾的分析就指出，中国劳工抗争在过去几年中发生了转型，其要义在于劳工抗争的目标已经从争取"底线型利益"转变成争取"增长性利益"。[1] 换言之，在劳动者之中已经形成了分享经济发展成果的普遍诉求，因此当我们分析企业民主制度的健全策略时，必须首先将劳动者的利益界定放到基础性位置，根据国民经济发展水平重新界定劳动者的利益或者社会与经济权利，是健全企业民主制度的基础性策略。

其实，劳动者要求增加收入并不是利益重新界定的全部内容，而只是利益重新界定过程的开始，利益重新界定一方面要提高劳动者的实际工资水平，另一方面也要改善劳动者的收入结构，特别是要增加劳动者的非工资性收入，也就是要增加劳动者的福利水平。由此可见，劳动者利益的重新界定不是简单地局限为某种权利的单独改善，而是多种权利的共同改善，从而使劳动者真正成为享有广泛的社会与经济权利的现代国家的公民。毋庸讳言，广大的中国劳动者在过去相当长的时间里所享有的社会与经济权利是十分有限的，劳动者着力维护和争取的权利是获得劳动收入的权利，甚至在很多行业里面劳动者甚至连获得劳动收入的权利都得不到保障，很多企业虽然能够为劳动者提供基本工资，但是却对劳动者获得加班费的权利进行

---

[1] 蔡禾：《从"底线型"利益到"增长型"利益——农民工利益诉求的转变与劳资关系秩序》，载《开放时代》2010年第9期。

刻意阻挠。对于劳动者来说更大的不公平是他们难以享有医疗保险、住房保障、失业救济、养老保险、教育补贴等一系列至关重要的社会与经济权利，因为资本与政府共同合作将劳动者限制在了半无产阶级化状态，阻止了数亿从农村地区转移出来的劳动者成为城市居民。① 对劳动者的一系列至关重要的社会与经济权利进行限制，实际上是一种将劳动力再生产过程排斥在城市生活之外的机制。

然而，伴随着规模巨大的农民工在城市生活的时间越来越长，他们对于获得城市生活水平的要求越来越强烈，对于资本从事的剥削越来越不满，以农民工为行动主体的集体抗争在不断地挑战国家治理体制的合法性。尤其是当农民工的主体组成部分已经发生了更新换代之后，即出生于20世纪80年代和90年代的第二代农民工开始进入工业生产领域，从而成为中国工人阶级的主力军时，劳动者对于社会与经济权利有着更为明确的意识。享有同城市居民一样的社会与经济权利，从而最终在城市定居生活，是第二代农民工同第一代农民工在权利诉求方面产生的最根本的差别。当农民工要求在城市生活以实现劳动力的再生产时，资本无意为劳动力的再生产提供集体性消费资料，尽管充分的劳动力再生产是资本增值的前提条件，但是集体性消费资料却是无利可图，这种矛盾只有在国家干预进来时才能化解，即将劳动力再生产所必需的集体性消费资料转变成为由国家公共开支负担的公共品。② 国家将集体性消费资料的提供作为自身的一项重要职能，意味着国家与工人阶级之间的关系发生了变化，或者说国家确认了工人阶级的社会与经济权利并为社会与经济权利的实现提供保障。

劳动者所追求的社会与经济权利是现代国家的公民应当享有的，因此劳动者追求社会与经济权利的过程就是劳动者获得完整的公民身份的过程。根据马歇尔（T. H. Marshall）对公民权利所作的开创性研究，现代国家的公民权利由民事权利、政治权利和社会与经济权利构成，其中民事权利的确立在18世纪完成，政治权利则是在19世纪得到了确认，而社会与经济权利则到20世纪才被提上议事日程，由于公民权利是由国家确认和保障的，所以公民身份的每一次发展都会导致一系列保障公民权利的国家机构和制度规则的建立，不断回应公民对权利的诉求构成了现代国家成长的重要动力，可以说公民权利同现代国家是相伴而生的。③ 不言而喻，现

---

① 任焰、梁宏：《农民工的日常生活》，载蔡禾等：《城市化进程中的农民工》，社会科学文献出版社2009年版，第182页。
② Manuel Castells, *City, Class and Power*, The Macmillan Press, 1978, pp. 38-42.
③ 〔英〕T. H. 马歇尔等：《公民身份与社会阶级》，郭忠华、刘训练编译，江苏人民出版社2008年版，第11页。

代国家是我们分析中国劳动者的权利改善问题的背景,这意味着两个方面的内容:一个方面是中国劳动者要求的社会与经济权利是同现代国家的公民权利相适应的,国家理应采取相应的制度规则来确认和保障劳动者提出的权利诉求;另一方面劳动者的社会与经济权利在实践中的具体过程必须由相应的国家制度予以调控,劳动者争取和维护社会与经济权利的行动必须借助相应的国家制度而展开,尤其是当劳动者的利益面临着重新界定、劳动者的社会与经济权利需要全面扩张的时候,国家制度对此过程的调控就显得十分重要了。

增加劳动者在国民收入分配中的份额,改善劳动者的社会与经济权利,是当前中国重新界定劳动者利益的基本方向,但是劳动者的社会与经济权利的改善也必须同中国国民经济发展水平相适应,劳动者利益的增加必然存在一个限度。劳动者社会与经济权利改善的物质来源主要有两个:一个来源是企业利润,也就是将企业利润的一部分转换为劳动者的收入;另一个来源是国家税收,也就是通过国家税收为劳动者提供社会福利。当然,国家税收本身也来自于从事经济活动的企业,所以当劳动者的社会与经济权利得到改善时,企业的生产成本就随之上升,而企业的利润率水平也就相应的下降了。如果企业的利润率水平下降了,那么资本家进一步投资的动力就会不足,于是经济发展的速度将会下降,劳动者就业率就会下降。埃里克·欧林·赖特(Eric Olin Wright)对此深刻地分析:工人阶级与资本家之间的利益关系是一种"对立性相互依赖",[①] 无论是劳动者还是资本家,他们利益的实现都必须以对方为前提条件,但是在利益总量固定的情况之下,劳动者的利益与资本家的利益又会存在此消彼长的关系。

劳动者社会与经济权利的改善,不仅意味着企业生产成本的增加,而且意味着企业利润的减少,因此劳动者的权利改善与资本家的利益之间呈现出零和状态,但是零和状态绝非是劳动者的权利改善和资本家的利益之间关系的唯一状态,如果劳动者的权利改善是适度的,并且能够实现劳动者与资本家之间的积极合作,在不断增强企业竞争优势、节约管理成本的基础上实现企业利润总量扩大的效果,那么劳动者的权利改善与资本家的利益之间的关系就会呈现正和状态。劳动者与资本家在工业生产领域中的合作是以国家制度为基础的,也就是以企业民主制度为基础的,企业民主制度不仅从改善劳动者权利的方向重新界定劳动者的社会与经济权利,而且通过建立劳动者与资本家之间的合作关系进而推动两者之间的利益妥协趋向正和

---

① 〔美〕埃里克·奥林·赖特:《后工业社会中的阶级:阶级分析的比较研究》,陈心想等译,辽宁教育出版社2004年版,第12页。

状态。企业民主制度作为在生产领域中维护公民的政治权利进而实现公民的社会与经济权利的国家制度,其现实基础并不在于企业的产权性质和国家体制的阶级性质,而是在于企业民主制度的效果是否对劳动者和资本家都有利,因此,企业民主制度实践的过程基本上就是一个国家制度调控劳动者和资本家利益关系的过程。

企业民主制度实践过程的实质内容当然是维护劳动者的社会与经济权利,但是从中国目前的劳动关系的状况而言,如果企业民主制度的实践只是维护劳动者的社会与经济权利,而不能根据国民经济发展的水平逐渐改善劳动者的社会与经济权利,那么企业民主制度的实践将遭遇一系列困境,甚至会引发劳动者本身对于企业民主制度的不信任和反对,所以企业民主制度的实践必须以改善劳动者的社会与经济权利为核心目标。中国当前的企业民主制度自然存在很多不完善的地方,但是健全企业民主制度的基础性环节并不是如何设计一套完美的制度体系,而是为企业民主制度创造坚实的现实基础,其中最关键者就是劳动者的积极支持和企业本身的认同。换言之,重新界定劳动者的利益和改善劳动者的社会与经济权利,从而为企业民主制度确立一个能够为其制造坚实的现实基础的核心目标,就成为健全企业民主制度的基础性策略。

## 三、重构"内部国家"

企业民主制度的实践要以改善劳动者的社会与经济权利为核心目标,但是并非所有的企业民主制度都能够改善劳动者的社会与经济权利,企业民主制度有着多种类型,以咨询和参与为基本内容的企业民主制度难以实现改善劳动者的社会与经济权利的目的,只有以共同决策为基本内容的企业民主制度才能切实改善劳动者的社会与经济权利。共同决策意味着劳动者能够分享企业的决策权,在中国的国家体制中也称为民主管理权,现有法律对于劳动者在企业中的民主管理权的规定主要包括两个方面的内容:一方面是劳动者对于涉及自身切身的事务享有决定的权力,另一方面是劳动者对于牵涉到自身重大利益的重大决策享有共同决定的权力。劳动者在企业之中行使民主管理权并非是以个人的方式进行的,而是必须以集体的形式进行,所谓以集体的形式行使民主管理权就是指劳动者团结起来的组织成为民主管理权的实际行使主体。

在健全企业民主制度的过程中存在一个关键性的问题,这就是应该建立怎样的组织形式才能有效地行使民主管理权,而建立恰当的组织形式的问题就是重构"内部国家"。虽然中国的企业民主制度已经将劳动者的民主管理权确立在了生产领域,但是民主管理权并没有以整体的形式完整地授予某个单一的劳动者代表性组织,而是以局部的形式分散地授予了多个劳动者的代表性组织,这就存在如何协调不同的劳动者的代表性组织从而塑造完整统一的民主管理权的问题。劳动者在企业之中的民主管理权自然是由国家法律规定的,但是民主管理权在企业管理过程中的兑现仅靠国家法律的保障是行不通的,劳动者的民主管理权在实践中的兑现必须以劳动者自身的集体力量为后盾,也就是说劳动者能否在工业生产领域结成集体性力量,并且在关键时刻可以使用集体性力量对资本家和企业管理层进行施压,是民主管理权能否在实践中得到观察的至关重要的基础。劳动者的代表性组织都在不同程度上能够起到促进劳动者之间的团结、凝结劳动者的集体性力量的作用,但是劳动者的集体性力量的使用则局限在特定的渠道,因此必须通过重构"内部国家"从而有限衔接不同的组织形式,进而在企业之中开辟出劳动者的集体性力量的使用空间。

"内部国家"是由社会学家迈克尔·布若威(Michael Burawoy)在分析工业生产领域中的权力体制、控制机制、劳动者组织时提出的概念,之所以使用"内部国家"这种术语,基本的原因在于布若威认定生产领域之中也存在履行控制功能的政治和意识形态机构,并且这些政治和意识形态机构也确实产生了如同国家一样的效果。[1] "内部国家"是由一套在企业中"组织、改造或压制生产中的关系与生产关系所引起的斗争的制度"所组成。在自由资本主义时期"内部国家"服务于资本对劳动过程的专制统治,在垄断资本主义时期"内部国家"开始与资本对劳动过程的专制指令相脱离,从而获得一定程度上的自主性,一方面"内部国家"通过限制管理者的任意决断来"赋予工人权利和义务"[2],另一方面"内部国家"又保障了管理者"塑造和引导劳动过程的特权"[3]。从布若威对"内部国家"的阐述中可以发现,"内部国家"并非一开始就是保护劳动者权利的企业民主制度的组成部分,在自由资本主义时期它反而是资本家剥削和压制劳动者的工具,只有当"内部国家"经过重构之后,它才成为维护劳动者权利的企业民主制度的组成部分,集中体现在一系列代表劳动者利益的组织和程序建立,以及一系列限制资本家独断权力的制度规则的形成等方面。由此可见,企业民主制度的建立和完善必须进行"内部国家"的重构。

---

[1] Michael Buroway, *The Politics of Production*, Verso, 1985, pp. 7-8.

[2] 〔美〕迈克尔·布若威:《制造同意:垄断资本主义劳动过程的变迁》,李荣荣译,商务印书馆2008年版,第112页。

[3] 同上。

劳动者的民主管理权是中国国家体制不可或缺的组成部分，是作为领导阶级的工人阶级在国家体制中的政治地位的重要体现，现行《宪法》第2条明确规定"人民依照法律规定，通过各种途径和形式，管理国家事务，管理经济和文化事务，管理社会事务"。在2008年《劳动合同法》实施以前，劳动者的民主管理权以及企业民主制度在具体法律上虽然有明确的规定，但是都将它们限制在公有制企业范围内，伴随着非公有制企业的发展和在非公有制企业就业的劳动者规模的剧增，中国大部分劳动者在事实上没有获得民主管理权。《劳动合同法》的实施改变了此种不利于企业民主制度发展的局面，该法第4条明确规定，用人单位无论产权性质如何，但凡涉及劳动者切身利益的重大事项都必须由劳动者共同决策，也就是要进行企业职工民主管理。虽然落实劳动者在生产领域中的民主管理权的企业民主制度几经变革，但是职工代表大会和企业工会作为企业职工的代表性组织，从而成为劳动者行使民主管理权的组织形式的局面始终没有发生改变，可以说职工代表大会和企业工会是中国生产领域中的"内部国家"的基本组成部分，而"内部国家"的重组过程实际上就是要理顺职工代表大会与企业工会之间的关系，构建职工代表大会与企业工会有效衔接的运行机制。

职工代表大会是企业职工行使民主管理权，进行企业民主管理的基本组织形式。依照党和政府对企业民主制度的设计，职工代表大会是在基层领域进行群众自治的政治组织形式，因此职工代表大会制度也就是基层群众自治制度的重要组成部分。企业职工根据职工代表大会制度的规定，以直接选举的方式选举代表组成职工代表大会，职工代表大会代表劳动者行使民主管理权，维护劳动者的社会与经济权利，当劳动者的社会与经济权利通过职工代表大会行使民主管理权得到了保障和改善时，劳动者将更加积极地支持职工代表大会。然而，在职工代表大会的实践过程中，上述局面并没有普遍出现在中国生产领域中，现实中更常见的局面是职工代表大会流于形式，难以发挥维护劳动者的社会与经济权利的作用，广大劳动者对于职工代表大会抱有不同程度的怀疑。职工代表大会在实践中遭遇的困境不仅彰显了职工代表大会的弱势地位，而且说明企业民主制度并没有为自身的实践提供充足的动力，其实，企业民主制度实践的动力源泉就是劳动者，职工代表大会需要借助某种机制将组织起来的企业职工纳入企业民主的轨道。

企业工会是劳动者在企业中组织起来的典型形态，是劳动者行使公民结社权利的重要体现。根据中国法律的规定，劳动者享有组建工会的权利，但是劳动者组建的工会必须是中华全国总工会的组织体系的一部分，换句话说，劳动者组建工会只能以加入中华全国总工会的方式实现。中国工会的性质是双重的，一方面是广大工人阶级的群众组织，另一方面则是履行政治和行政职能的准政府机构，海外学者将中国工会称为"国家法团"。[①] 中国工会是工人阶级结社权利的集中体现，是工人阶级得以使用集体性力量的枢纽，但是中国工会维护劳动者权利的过程受制于"国家法团"的地位，不可能动员和组织工人阶级形成集体性力量，而是借助自身的资源和行动代替劳动者的维权行动。问题在于中国工会的维权行动存在非常大的差异，工会行政层级的差别决定了工会资源和能力的差别，行政层级越高的工会组织能够利用的国家体制内部的资源越多，于是在维护劳动者权利的行动中就能够有所作为，而行政层级越低的工会组织就越缺乏有效维权的资源和能力，所以作为基层工会的企业工会实际上缺乏维护劳动者权利的资源和能力。由此可见，要想企业工会能够发挥维护劳动者权利的作用，就必须为企业工会提供必不可少的组织资源。

作为健全企业民主制度的关键性策略，重构"内部国家"的实质就是实现职工代表大会和企业工会之间的有效衔接，在"制度叠加"的基础上使职工代表大会和企业工会对接成为一个行使劳动者的民主管理权的整体。所谓"制度叠加"就是指在不改变原有制度内容的基础上，通过对接制度运转的过程，从而将一个制度的元素嵌入到另外一个稳定的制度框架中去，最终实现提升制度运转绩效的目的。[②] 通过对职工代表大会与企业工会进行"制度叠加"，从而构建能够切实有效地行使劳动者的民主管理权的组织，这是由中国企业民主制度的现实状况决定的。首先，企业民主制度明确规定企业工会是职工代表大会的常设工作机构，负责职工代表大会的召集、选举、议程，在职工代表大会休会期间承担落实职工代表大会决议的职责；其次，职工代表大会与企业工会各自分享了一部分劳动者的民主管理权，而制度叠加则将分散的民主管理权整合成为完整的民主管理权；最后，职工代表大会与企业工会的角色是互补的，企业工会是企业职工在基层领域中的结社形式，但是企业工会的维权行动必须通过明确的合法渠道进行，而职工代表大会是企业民主管理的基本组织形式，于是职工代表大会正好成为企业工会开展维权活动的合法渠道和有效空间。[③]

党和政府在推进企业民主制度建设的过程中，实际上在不同的时期分别选择了企业民主制度的不同部分作为重点，在国有企业改革大规模推进的时期，党和政府重点强调了中国工会在维护劳动者权利上的作用，与此同时，职工代表大会的地位

---

① Chan Anita, Revolution or Corporatism? Worker and Trade Union in Post-Mao China, *The Australian Journal Chinese Affairs*, No. 29, 1993.
② 〔美〕西伦·凯瑟琳：《制度是如何演化的》，王星译，上海人民出版社2010年版，第30页。
③ 汪仕凯：《转变中的工厂政治》，载《广东社会科学》2013年第5期。

不断弱化，而当中国工会难以切实维护劳动者的社会与经济权利，并引发了越来越激烈的劳资冲突时，党和政府重新开始强调职工代表大会作为企业民主管理基本组织形式的地位。虽然在改革进程中党和政府始终在推进企业民主制度的建设，但是战略性规划的缺乏导致企业民主制度建设的重点发生了转移，进而在实际效果上出现职工代表大会和企业工会弱弱相对的局面，因此必须将职工代表大会和企业工会整合在一起，由企业工会运作职工代表大会才能在生产领域中形成积弱成强的局面。中国企业民主制度的发展是同改革进程相适应的，或者说，社会主义市场经济体制改革的重点内容从根本上决定了企业民主制度的基本内容和具体形态。

职工代表大会与企业工会实现制度叠加的目的是为了使两者整合为一个整体，因此必须积极构建职工代表大会和企业工会之间的对接机制。首先，企业民主制度是现代企业制度的重要部分，无论企业产权性质如何都必须建立职工代表大会和企业工会，普遍将职工代表大会和企业工会建立起来，是实现职工代表大会和企业工会有效对接的前提。其次，企业工会作为职工代表大会的常设工作机构，必须通过运作职工代表大会进行维权活动，劳资双方的集体谈判和订立集体劳动合同都必须由职工代表大会作出决议，同时企业工会要利用职工代表大会动员和组织劳动者结成集体性力量，并且使劳动者的集体性力量成为职工代表大会行使民主管理权的基石。再次，强化企业工会的监督职能和贯彻能力。对于职工代表大会形成的决议，企业工会在职工代表大会休会期间负责执行和监督，可以说这是企业工会运作职工代表大会的另一个重要的方面。最后，强化企业工会运作职工代表大会的责任。对于企业工会不尽责的行为要建立惩罚机制和救济机制，建立由职工代表大会弹劾企业工会工作人员的制度，同时要对企业工会的工作人员和职工代表大会的代表进行企业民主管理的培训，提高他们从事企业民主管理的能力和责任。

## 四、塑造政治环境

企业民主制度是在生产领域运转的国家制度，是我国政治体制的组成部分，因此企业民主制度的有效运转不仅取决于制度本身的设计，而且取决于制度运转于其中的政治环境，这就是说健全中国企业民主制度需要为其塑造良好的政治环境。所谓政治环境是指制约企业民主制度实践的宏观背景和条件，具体而言，制约企业民主制度实践的政治环境主要包括三个方面：首先，国家体制是否为企业民主制度提供了发展空间，企业民主制度在国家体制中的地位究竟如何；其次，党和政府推行的公共政策是否包含了保障和改善劳动者的社会与经济权利的内容，特别是当保障和改善劳动者权利的内容同其他内容发生冲突时,劳动者权利将处在何种位置;最后,劳动者的权利在党和政府的政治价值和社会大众的政治价值中占据了何种位置,是否存在一种积极主张劳动者权利的政治意识形态并获得了广泛的传播和认可。在推进企业民主制度发展的过程中,国家体制提供的空间、公共政策的偏好以及政治意识形态的影响,都是不可或缺的重要因素。

企业民主制度在计划经济体制时期具有比较有利的政治环境。工人阶级是国家政权的领导阶级,故而工人阶级在国家体制中占据了比较特殊的位置。具体到工人阶级聚集的生产领域,工人阶级的领导地位就通过企业民主制度体现出来,工人阶级还通过职工代表大会行使着一系列决策权。在党和政府的政策方面,工人阶级被赋予了国家职工的身份,工人阶级依靠国家职工的身份获得了内容广泛的特权,工人阶级不仅具有城市户口,而且具有自身工作的企业单位所提供的福利,正是这些工资收入之外的福利为工人阶级提供了相对于其他社会成员来说更好的物质条件和社会地位。与此同时,党和政府积极向社会大众灌输一种以"工人阶级是国家主人翁"为核心内容的政治价值,这种政治价值不仅为工人阶级树立了高大的政治形象,而且也成为约束和引导工人阶级行为、改造工人阶级思想的政治意识形态,由于党和政府灌输的政治价值得到了工人阶级的生活体验的支持,因此这样的政治价值产生了很大的影响力和广泛的号召力。

社会主义市场经济体制改革的推进逐渐改变了有利于企业民主制度发展的政治环境,甚至可以说当前的政治环境将企业民主制度置于一种非常不利于其发展的困境之中。国有企业改革是社会主义市场经济体制改革的重点工程,而国有企业改革的基本方针就是发展关系国民经济命脉的支柱产业,这就意味着绝大多数国有企业将面临破产、转制、合并、停产的命运,伴随着数以十万计的中小企业的消失,中国工人阶级队伍中的数千万产业工人成了下岗工人。党和政府为了减少国有企业改革的障碍和加快国有企业改革的进程,有意无意地限制了企业民主制度在国有企业改革过程中的作用,因此工人阶级失去能够使用的反对不利于自己切身利益的改革的重要武器。毋庸讳言,数千万产业工人在国有企业改革的进程中承受了巨大的代价、蒙受了严重的权利损失。[①] 当国有企业改革建立了现代企业制度之后,尽管企业民主制度作为原则性规定进入了《公司法》,但是作为企业民主制度核心内容的劳动者的民主管理权却语焉不详,因此企业民主制度对现代企业制度的嵌入完全停

---

① Chen Feng, Subsistence Crises, Managerial Corruption and Labour Protests in China, *The China Journal*, No. 44, 2000.

留在肤浅的层面。

　　劳动者权利的严重受损引发了产业工人激烈的集体抗争，在社会主义市场经济体制改革的前十年里，中国主要的工业城市基本上都经历过产业工人集体抗争。面对此种情势，党和政府开始积极推进工会体制的改革和建设，试图在生产领域外部的宏观政治领域采取一些补救措施，从而保障劳动者基本的社会与经济权利。与此同时，由于大量的农村剩余劳动力进入工业生产领域转化为新产业工人，而且新产业工人基本上聚集在没有建立企业民主制度的非公有制企业之中，所以新产业工人长期以来缺乏维护自身的社会与经济权利的手段，于是工会作为劳动者的群众组织就更加被党和政府所重视。当计划经济体制时期的企业民主制度式微，也就是说企业民主制度的发展空间被严格限制、实践效果极为有限、制度本身陷入困境时，党和政府试图在维护劳动者的社会与经济权利问题上另辟蹊径，集中表现为中华全国总工会及其组织体系对劳资冲突的控制、劳资争议的协调以及劳动保护立法的推进上面。由于中华全国总工会及其组织体系是国家政权的组成部分，是行使政治和行政职能的"准国家机构"，所以中华全国总工会及其组织体系在维护劳动者的社会与经济权利过程中的行为都是直接的行政干预行为，其导致的后果十分复杂且不理想。

　　虽然中央政府重视和支持中华全国总工会推进劳动保护立法、组织工人阶级和维护劳动者权利等方面的工作，并且中华全国总工会在推进劳动立法等工作上确实发挥了重要作用，但是对于维护劳动者的社会与经济权利来说，真正关键的组织不是中华全国总工会而是地方工会和企业基层工会。地方工会同样是地方政府的组成机构，但是地方工会很难从地方政府得到支持以维护劳动者的社会与经济权利，其中深层次的原因在于地方政府与资本之间早已形成了隐形利益联盟。为了发展地方经济和获得政治晋升的机会，地方官员必须最大程度地吸引资本，而资本是否决定在当地投资的一个关键条件就是资本能否获得较高的积累率，这就需要地方政府放松对劳动者权利的保护从而为资本弹性积累创造条件。[①] 地方政府放松对劳动者权利的保护有着多种表现：首先，限制地方工会的维权行动，从政治纪律的方面要求地方工会同地方政府保持一致，将地方工会不断推向官僚化的境地；其次，变通或者说有选择性地执行劳动保护法规，为资本违法违规用工行方便；最后，当劳资冲突激化并导致集体抗争时，地方政府一般不会支持劳动者的权利诉求，有的地方政府甚至采取偏袒资本的立场，动用警力压制劳动者的集体抗争。凡此种种无不说

---

① Lee Ching Kwan, *Against the Law*, University of California Press, 2007, pp. 18-21.

明，企业民主制度实践的政治环境是非常不利的。

要想改变当前不利于企业民主制度实践的政治环境，必须首先在国家体制中开辟出企业民主制度的发展空间。工人阶级是国家体制中的领导阶级，这不仅意味着工人阶级是国家政权至关重要的社会基础，而且意味着工人阶级在国家体制中的地位直接反映了国家体制的性质。进而论之，工人阶级在国家体制中的地位或者说实际享有的权利构成了国家体制合法性的重要基础，保障工人阶级权利的国家制度在很大程度上也是国家体制合法性的再生产机制，因此用以保障工人阶级权利的国家制度必然是国家体制的至关重要的组成部分。职工代表大会制度是中国企业民主制度的基本组成部分，而且职工代表大会制度又是基层群众自治制度的基本组成部分，这就是说企业民主制度是我国政治体制的组成部分，所以企业民主制度在国家体制中的发展空间是存在的。对于企业民主制度的发展来说，重要的问题就在于如何挖掘和利用国家体制提供的发展空间，基本的方向是通过企业民主制度同国家体制合法性之间的联系打开企业民主制度的发展前景，而重点就在于强化企业民主制度维护劳动者权利的功能，进而创造劳动者与国家体制之间的契合性。

塑造有利于企业民主制度实践的政治环境同样需要调整公共政策的偏好。当前中国的公共政策以服务于经济发展为中心目标，所以公共政策的主要组成部分就是经济政策，而以维护劳动者的权利为中心目标的社会政策发展十分缓慢，严重滞后于经济与社会转型。虽然缺乏保障劳动者权利的社会政策，但是党和政府还是需要以某种方式对劳动者的权利作出安排，因为经济发展需要灵活的劳动力市场，所以公共政策必须保障劳动者作为自由劳动力的权利，正是基于这样的考虑，建立和维护劳动力市场的政策就成了经济政策的一部分。[①] 不言而喻，完善的社会政策是有利于企业民主制度实践的政治环境的重要组成部分，而构建完善的社会政策的关键步骤就是要将劳动政策从经济政策的范畴中剥离出来，使之成为维护劳动者权利的社会政策。除此之外，党和政府必须进一步推动教育政策、公共服务政策、福利政策的发展，从而以劳动政策为中心形成一套健全的社会政策体系，健全的社会政策体系的形成将在非常广泛的范围改变公共政策的偏好，或者说重塑以维护公民权利、改善公民福利为基本价值导向的公共政策。

政治意识形态的影响同样是塑造有利于企业民主制度实践的政治环境所不可或缺的内容，具体而言，有利于企业民主制度的政治意识形态不仅意味着党和政府的政治价值以及社会的主流观念认定劳动者在经济与社会发展中有着重要的作用，而

---

① 岳经纶：《中国劳动政策：市场化与全球化的视野》，社会科学文献出版社2007年版。

且意味着党和政府的政治价值、社会的主流观念以及劳动者本身的思想世界都认为劳动者有着重要的力量，是不可轻视的并且能够对经济与社会发展产生重大影响的博弈者。在推进社会主义市场经济体制改革的初期，工人阶级遭受的巨大打击不仅包括长期以来享有的权利被剥夺，而且意味着长期以来形成有关自身地位和力量的观念也被摧毁，这是 20 世纪 80 和 90 年代世界各国针对工人阶级进行的改革所普遍采取的行动。① 当工人阶级长期以来积累的力量在很大程度上被瓦解掉，并且党和政府、社会大众、工人阶级都对此过程有着深刻的理解时，重建一种关于工人阶级力量的信念就变得十分困难，这也是为什么党和政府尽管一直强调企业民主制度但却收效不佳的重要原因所在。

重建关于工人阶级力量的政治意识形态是不可能仅凭政治宣传来完成的，政治意识形态的影响力需要政治现实的恰当匹配。为了能够重建一种彰显工人阶级力量的政治意识形态，党和政府在维护劳动者的切身利益方面有意识地展开行动是至关重要的，主要可以从两个方面入手，一个方面是围绕重要法律的制定和实行，另一个方面则是重大的、具有全国影响力的劳资冲突的妥善处置。围绕《劳动合同法》的制定和执行所引发的讨论、争议就起到了初步效果，党和政府向社会明确了保障劳动者权利的决心，当然未来必须有意识地整治侵犯劳动者权利的行为，从而从根本上扭转对于工人阶级力量的轻视态度。南海本田事件的解决过程中，党和政府最终站到了中间立场上，并且为了实现劳动者的权益主张而积极沟通，最终使得工人阶级的集体抗争获得了积极的成果，工人阶级的力量也得到了有效的使用和展现。总之，把握住重大事件提供的契机改善劳动者的权利，是重建有利于企业民主制度的政治意识形态的主要手段。

## 五、推进福利制度建设

西方发达工业国家在第二次世界大战之后纷纷推行福利制度，遂使福利国家成为战后三十年西方世界社会妥协的典型形态。福利制度是同劳工阶级密切联系在一起的，由于劳工阶级在二战期间被广泛地动员进了军队，战争结束之时西方发达工业国家的统治精英感受到了工人阶级革命的可能性，所以为了缓和劳工阶级对经济与社会不平等的不满，分化劳工阶级所形成的能够挑战现有统治秩序的集体性力量，就必须以福利制度的形式向劳工阶级让渡一部分剩余价值，进而换取劳工阶级

---

① 汪仕凯：《全球劳工治理：议题、机制与挑战》，载《世界经济与政治》2015 年第 8 期。

对于资本主义政治经济秩序的认可。福利制度是以国家力量为中介的社会妥协制造机制，当然同时也在一定程度上改变了国家袒护资本利益的立场，从而明确了国家在保护和改善劳动者权利方面的责任，于是劳工阶级的力量也随之被整合进现代国家体制之内。

福利制度的核心内容是由国家为劳动者提供基本的生计保障，也就是说即使劳动者从劳动力市场退出，劳动者也能够依靠国家提供的物质保障生活下去，因此福利制度不仅是对劳动者基本权利的保障，而且也为劳动者争取更大的权利奠定了基础。在福利制度出现之前，劳动者必须进入劳动力市场寻找工作机会，只能通过出卖自己的劳动力才能赚取工资收入。劳动者究竟能够获得多少工资收入取决于两个条件，一个条件是劳动者的工作技能，工作技能水平越高的劳动者越是能够获得更高的工资，另一个条件则是劳动力的供求关系，劳动力的供给超过需求的程度越高，劳动者就越是获得较低的工资。一般而言，具有良好工作技能的劳动者之所以能够获得高工资，基本的原因就在于此类劳动者的供给不足，因此决定劳动者工资收入水平的还是劳动力的供求关系。资本为了能够实现生产就必须雇用劳动力，而为了获得更多的剩余价值就必须以尽可能低的价格雇用劳动力，这就是说必须制造一个规模庞大的后备劳动力大军从而形成竞争激烈的劳动力市场，因此在市场法则支配下的劳动者为了获得工作机会而逐底竞争。

使劳动者完全受制于市场法则就是劳动力的商品化，在这样的情况下劳动者的权利很难得到保障，纵使国家制定了保障劳动者权利的法律也很难得到遵循，因为出于工作机会的考虑，劳动者自身也会默认资本侵害劳动者权利的行为。为了保障劳动者的权利就必须在一定程度上限制市场法则对劳动力市场的支配，具体而言，就是要推行福利制度从而实现劳动力的去商品化。由于福利制度为劳动者提供了基本的生计，因此劳动者的生活就不再完全依靠自己是否进入生产过程，换言之，在福利制度所提供的物质条件的支持下，劳动力的再生产过程同劳动过程相对分离了。[①] 当劳动者不再完全依赖劳动力市场而生存时，劳动力市场的竞争程度将会相应降低，劳动者在劳动力市场上的讨价还价能力也就得到了提高，于是劳动者不仅不必为了获得工作机会而逐底竞争，而且能够借助已经得到增强的讨价还价能力争取更大的利益和权利。由此可见，福利制度是保障和改进劳动者权利的基础性条件，是国家对劳动者基本权利的承认和保障，当然也是劳工阶级从挑战国家体制转换到认同国家体制的重要基础，因此要想推进企业民主制度就必须建立福利制度。

---

① Michael Buroway, *The Politics of Production*, Verso, 1985, p. 127.

计划经济体制时期的劳工阶级得到了比较完备的福利制度的支持，国家通过工业企业为工人提供了一系列福利，并且福利在很大程度上成为劳动者工资之外的收入，从而为劳动者提供了优于其他社会群体的物质生活条件。但是，社会主义市场经济体制改革的推进取消了计划经济体制时期的福利制度，尽管党和政府也逐步开始建立同社会主义市场经济体制相适应的福利制度，然而总体而言当前中国的福利制度发展十分缓慢，福利制度建设的速度和福利制度所提供的福利水平远远落后于我国经济与社会发展的速度和水平。由于指导福利制度建设的观念基本上是市场导向的而非社会导向的，原本以为劳动者提供基本生活保障和改善劳动者权利状况为目标的福利制度，变成了促进社会领域快速市场化的有力工具，集中体现在医疗制度、养老制度等多项关涉公民切身利益的制度改革出现严重病变，本应该由国家予以保障的公民的社会与经济权利，却交由市场经济法则支配，故而导致了一系列积重难返的社会问题。以市场化为导向的福利制度建设是完全错误的，这种导向从根本上曲解了福利制度的本质，也完全否定了国家在福利提供中的基础性作用。事实上，国家的公共财政投入才是福利制度的基础，并且由国家在福利制度中发挥重大作用，一直就是中国的政治传统。①

中国当前的福利制度建设之所以会严重滞后于经济与社会发展，甚至走上了以市场化为导向的发展路径，是同政治精英对福利制度的严重曲解有着直接且密切的关系。根据郑功成的归纳，当前中国社会中流行着"福利恐惧症""社会福利社会责任论""社会福利可替代论"等观念。所谓"福利恐惧症"就是认为福利会滋生懒惰、加剧企业生产成本、阻碍经济发展；所谓"社会福利社会责任论"就是认为社会福利是社会自身的责任、依靠社会自身的力量维持和发展、国家在福利制度建设中并不存在不可推卸的责任；所谓"社会福利可替代论"则是认为市场机制可以替代社会福利。② 其实，所有关于中国福利制度建设的误解都包含着一个共同的内容，这就是不支持推进福利制度建设进而强化对于劳动者的社会与经济权利的保障。福利制度建设是现代国家建设进程中的一个复杂的内容，它是牵涉到多个利益群体的重大制度创造，所以当国家建立福利制度时必定需要一定程度的政治共识，但是针对福利制度形成的误解实际上阻碍了福利制度的政治共识的形成，因而限制了国家对建立福利制度的责任的担负。

尽管中国推进福利制度存在一系列严重的困难，但是要想推进中国企业民主制

---

① 郑功成：《中国社会保障演进的历史逻辑》，载《中国人民大学学报》2014年第1期。
② 郑功成：《中国社会福利的现状与发展取向》，载《中国人民大学学报》2013年第2期。

度，就必须着力解决福利制度的问题，因为福利制度是完善企业民主制度不可或缺的基础。建立福利制度首先要明确国家在此过程中的基础性作用，为广大劳动者提供福利不是国家之外的其他主体的责任，而是国家不可推卸的责任，福利制度不仅要以国家法律的形式确定下来，而且需要公共财政为福利制度提供物质基础。推进福利制度建设的实质还是从增长劳动者利益的角度，进一步改善劳动者的社会与经济权利，所以福利制度涉及的内容不能局限于失业救济等狭小的范围内，而是应该扩大到养老、医疗、失业、工伤、技能培训、家庭服务、未成年人补贴等领域，也就是说福利制度建设是一个涉及劳动者的社会与经济权利方方面面的系统性工程。福利制度需要巨大的财政投入，所以推进福利制度建设必须同中国经济与社会发展的总体水平相适应，劳动者的社会与经济权利必须通过福利制度实现进一步改善，但是劳动者的福利水平则不能超过公共财政所能承受的限度。福利制度建设不能停滞不前，也不能发展过快，而是应该保持持续改进的状态，因此福利制度建设将会是一个长期的过程。

福利制度建设过程中必须处理好一致性与差异性的关系，所谓一致性就是国家必须以法律的形式确定劳动者所能获得最低限度的福利，而所谓差异性则是允许不同的地区、行业之间在福利水平上存在差异。一致性是推进福利制度建设的首要原则，也是国家为劳动者提供基本福利责任的集中体现，它意味着劳动者不管来自何地、工作于何种企业，毫无例外都享有国家以公共财政提供的基本福利。将一致性确立为福利制度建设的首要原则并不意味着排斥差异性，由于中国国家规模过大、地区发展水平不一致程度很高、不同产业的竞争水平也不相同，因而福利制度建设需要尊重差异性原则。在推进福利制度建设的过程中落实差异性原则，需要发挥劳动者就业的企业和地方政府的作用，一方面，需要经济发达地区的地方政府为福利制度建设提供财政投入；另一方面，鼓励竞争力强的企业为劳动者提供附加性福利。由企业提供的附加性福利，应该成为企业劳资协商的重点内容，并且以集体劳动合同的形式予以保证。

概而论之，福利制度是制约中国企业民主制度的关键条件，当福利制度为劳动者提供了基本生计保障时，劳动力市场的竞争程度便会得到一定程度的限制，特别是对于后备劳动力资源十分丰富的中国来说更是如此。如果不建立福利制度，劳动者为了获得工作机会将陷入逐底竞争之中，在这种环境之下是难以切实保障劳动者的社会与经济权利的。企业民主制度的建立意味着劳动者能够在集体谈判的基础上争取更多的社会与经济权利，而劳资双方集体谈判的具体结果则取决于双方的力量对比，在资本力量强于劳动者力量的背景下，劳资集体谈判的具体结果取决于劳动者力量在多大程度上得到了改善。福利制度不仅改变了国家袒护资本利益的立场，而且增强了劳动者讨价还价的能力，因此福利制度是企业民主制度不可或缺的基础，甚至可以说，没有福利制度的支持就不可能有企业民主制度。

## 六、整合工人阶级

企业民主制度归根结底是为了保护劳动者的权利，而且为了实现劳动者的权利得到改善的目的，就必须对劳资之间的利益格局进行重新界定，也就是要扩大劳动者在利益分配中的份额。国家在此过程中当然发挥着至关重要的作用，但是国家并不会天然地、主动地矫正长期以来形成的劳资利益失衡的局面，实际上国家往往会偏袒资本利益，因此国家之所以会改变袒护资本利益的立场转而推行企业民主制度，根本的原因在于劳动者自身力量的成长壮大。只有当劳动者达成了一定程度上的组织化团结，并且在组织化团结的基础上结成了具有威慑力的集体性力量，国家才会认识到改变既定的劳资利益格局的必要性。进而言之，如果劳动者的集体性力量不仅引发了严重的劳资冲突，而且导致了社会秩序的破坏和政治秩序的动荡时，国家才会推行一系列政策确认劳动者的权利诉求，从而为劳动者权利的维护提供制度保障。显而易见，劳动者自身力量的强弱决定了企业民主制度的完善程度以及企业民主制度实践的效果。

劳动者的集体性力量直接取决于它们能够在何种程度上达成组织化团结，换言之，劳动者是否能够在更大范围内和更高层次上发展团结网络，是制约劳动者的集体性力量强弱的重要因素。影响劳动者团结网络的主要因素有两个：一个是劳动者的团结权利，另一个则是劳动者的身份。劳动者的团结权利是指劳动者组建工会组织的权利，在中国的国家体制中，劳动者组建工会组织必须加入中华全国总工会的基层组织体系。而且中华全国总工会为了能够发挥组织劳动者的功能，也发起了工会化运动，即将基层工会在所有类型的企业中普遍地建立起来，从而使得劳动者得以实现最低程度上的团结。劳动者的身份是指劳工阶级内部存在不同身份的两大群体，也就是具有城市户口的传统产业工人和从乡村地区转移出来的新产业工人，这种状况是由长期以来的城乡分割体制造成的，并且在大规模的城市化浪潮和快速的工业化进程中得到了进一步强化。劳动者由于享有的身份不同，故而在所能获得社会与经济权利方面存在很大的差距，这是制造劳工阶级内部分歧和冲突的重要渊薮，极大地阻碍了劳工阶级内部的团结。

国家将劳动者的团结权利赋予中华全国总工会及其组织体系。与此同时，劳动者的两种身份所造成的劳工阶级内部的分裂，都在很大程度上阻碍了劳动者的集体性力量的发展壮大，因此为了推进企业民主制度的建设，就必须从劳动者的团结权利和身份两个角度，对劳工阶级进行整合以增强劳工阶级的集体性力量。就团结权利而言，国家不仅要保证劳动者能够在企业之中有效地组织起来，而且要进一步保证劳动者直接选举产生工会委员会的权利，因此劳动者在企业之中依照自己的意愿组织起来完全是可能的。就破解劳动者的两种身份而言，国家必须逐渐废除城乡分割体制，至少在非一线城市取消二元户籍制度，与此同时，国家也必须积极推广集体劳动合同制度，运用集体劳动合同来实现同工同酬，从而至少在社会与经济权利层面消除劳动者的不同身份及其导致的差异。

劳工阶级内部存在差异是非常普遍的现象，由于地域、性别、种族、宗教信仰、产业类型等原因，工人阶级被分割成为多种群体，所谓工人阶级整合并不是说要消除上述差异，而是指差异不能是由国家推行歧视性政策导致的，而且当国家能够为改善或者限制某种对工人阶级明显不利的差异时，国家不应该推卸责任，而是必须建立切合实际的制度来改善或者限制此种差异。其中，劳动者团结起来从而组成工会的制度和劳动者通过代表自身利益的组织同资本家缔结集体劳动合同的制度，都是国家能够在改善劳工及内部分裂、限制劳工阶级内部分裂的消极后果等方面发挥积极作用的有效工具。其实，劳动者在企业之中组建基层工会和集体劳动合同本身也是企业民主制度的组成要素，由此可见，企业民主制度同样具有促进劳工阶级内部整合的效果，因此当劳动者结成的集体性力量为企业民主制度提供了坚实的支持时，企业民主制度的实践将会进一步巩固劳动者的集体性力量，并且强化劳动者的集体性力量对自身的支持关系。

工人阶级内部的整合当然是为了限制劳工群体之间的差异、改善劳工阶级共同的权益，从而促进劳工阶级在更大范围内和更高层次上团结起来，最终形成具有政治与社会影响力的集体性力量，但是必须加以说明的内容是工人阶级的内部整合并不是一个自发的内生过程，也就是说工人阶级自身是不可能完成内部整合的，工人阶级的内部整合必须借助外部力量的介入即国家制度。无论是实现劳动者团结权利的工会组织制度，还是致力于限制劳动者身份差异的集体劳动合同制度，毫无例外都是国家制度。国家制度包含着执政集团特定的政治价值，这种政治价值就是执政集团试图灌输给工人阶级，并且将工人阶级整合进国家体制之内的意识形态上的领导权。

总结来看，工人阶级内部的整合程度直接决定了工人阶级所能达成团结的程度和工人阶级的集体性力量的大小，所以促进工人阶级内部的整合是推进中国企业民主制度建设的重要基础。工人阶级内部的整合是在特定的国家制度的基础之上进行的，国家制度都包含着执政集团特定的政治意图即党和政府努力向工人阶级灌输的意识形态，工人阶级在多大程度上能够将党和政府灌输的意识形态转化为进行内部整合的资源，基本上决定了中国工人阶级内部整合的结果。

# 群体性突发事件的成因分析及阻断研究

## ——社会燃烧理论的分析框架*

邓志锋 黄虬**

**摘 要**：在群体性突发事件的分析中，社会燃烧理论提供了一个新的视角，本文通过燃烧现象中燃烧物质、点燃温度、催化剂等的类比分析，发现中国环境下群体性突发事件在这三方面的成因，并因此对应提出了以阻燃（resist）、降温（reduce）、恢复（recover）为切入点的群体性突发事件的阻断建议。

**关键词**：群体性突发事件；成因分析；阻断研究；社会燃烧

在1994年国务院发布的《关于处置紧急治安事件有关事项的通知》和2000年公安部出台的《公安机关处置群体性治安事件的规定》中，群体性突发事件的概念大致上等同于"紧急安全事件"或者"群体性治安事件"。这种认识持续多年，2004年中共中央办公厅和国务院办公厅在《关于积极预防和妥善处置群体性事件的工作意见》中正式提出了"群体性事件"的说法，由此"群体性突发事件"从公共治安事件中独立出来逐渐被社会公众普遍接受。中国行政管理学会课题组在2009年通过其发布的研究报告明确了"群体性突发事件"的说法，在该报告中，"群体性突发事件"被认为是由人民群众内部矛盾所引发的，部分社会公众通过聚集等方式向政府及相关部门表达群体利益诉求的事件。①

塞缪尔·亨廷顿（Samuel P. Huntington）在《变化社会中的政治秩序》中指

---

\* 本研究受到中央编译局东华大学国外马克思主义与中国问题研究中心的支持。
\*\* 邓志锋，管理学博士，东华大学人文学院副教授、硕士生导师，主要研究领域：公共政策、危机管理；黄虬，公共管理硕士，中国人民解放军海军东部战区91656部队军官，主要研究领域：危机管理。
① 中国行政管理学会课题组：《中国群体性突发事件成因及对策》，国家行政学院出版社2009年版，第243页。

出:"现代化孕育着稳定,而现代化过程却滋生着动乱。"[①] 从2000年至今,我国几乎每年都会有数起产生较大社会影响的群体性突发事件发生。特别是2005年之后,我国群体性突发事件的总体趋势更加严峻,群体性突发事件数量出现激增之势,在参与人数、事件规模和社会影响上均有不同程度的提升。近段时期内发生的具有典型代表性的群体性突发事件如"杭州垃圾焚烧发电厂项目事件""启东PX项目事件"等,这些群体性突发事件的发生不仅影响了当地的正常公共秩序,也为我国社会的和谐稳定敲响了警钟。党和政府也将群体性突发事件的应对提升到构建社会主义和谐社会工作的重中之重。

在理论研究上,"群体性突发事件"和"政府应对"成为热门关键词,检索中国期刊数据库,发现自2003年至今以"我国群体性突发事件"为篇名的文章多达3000余篇,而与"政府应对"为篇名的文章也有近500篇,这一热门研究领域内蕴含着巨大的活力。

## 一、社会燃烧理论:一个分析框架

在物理学中与燃烧相关的三个要素是燃烧物质、催化剂、点燃温度,如果三要素同时具备时就有可能形成燃烧现象,而当三要素中缺失任何一个时都不会发生燃烧反应。

学者牛文元将燃烧现象进行了形象化的总结,引入群体性突发事件中,借助"燃烧物质""助燃剂""点火温度"等概念,提出了"社会燃烧理论",在其后的研究成果中,即2001年的《社会物理学与中国社会稳定预警系统》和2003年的《全面构建中国社会稳定预警系统》,进一步详细阐述了他的观点。该理论特别指明,仅当社会各阶层、群体关系达到完全平衡和谐时,社会才会处于"理论意义"上绝对稳定的极限理想状态,但只要存在任何背离绝对平衡与和谐状态的变量,就会给社会稳定理想状态施加未知形式的"负贡献"(即"燃烧物质"的产生)。当所谓的"燃烧物质"从数量或者质量上积累到一定程度,并在某种特殊的触发条件引导下(即"助燃剂"的类催化作用),将会形成一定程度(人口数量密度或者时间空间规模)的影响效应。如果此时"突发导火线"(即"点火温度")介入影响,就有可能发生社会失衡(不平衡)、社会失序(秩序混乱)或者社会失控(革命暴

---

[①] 〔美〕塞缪尔·P.亨廷顿:《变化社会中的政治秩序》,王冠华译,生活·读书·新知三联书店1989年版,第28页。

乱），结果严重的甚至会导致社会秩序崩溃。该理论揭示群体性突发事件发生的内在机理本质上是一个从量变到质变，稳定与平衡逐步被影响被改变的过程，这一过程如图1所示。

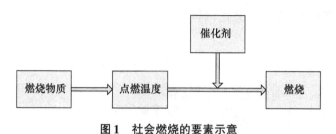

**图1　社会燃烧的要素示意**

资料来源：本文作者自制。

这一理论形象生动地将社会学与物理学有机糅合，用于阐述群体性突发事件产生以及演化的全周期，进行合理的抽象类比，为群体性突发事件发生、演化和预警研究开拓了新的思路。

根据"社会燃烧理论"，群体性突发事件可以归纳为4个不同的阶段：（1）累积：体现为社会矛盾的持续升温并且矛盾波及持续扩大，独立的随机事件已具备了引起群体性突发事件的可能；（2）点燃：当某一随机事件突然发生并引起群体反馈，如果政府相关部门的应急响应或危机应对不力，那么群体性突发事件就会出现区域、数量、事态上的升级；（3）催化：产生类催化剂作用的主体主要指的是大众传媒，大众传媒的正方向引导会对群体性突发事件产生正面的催化作用，反之则会激化矛盾甚至会衍生出更大规模的群体性突发事件；（4）燃尽：由于各方面的原因，群体性突发事件最后还是会走向周期的终点，这些原因可能是因为政府相关部门的公共政策干预，也有可能是由于引发事件的社会矛盾缓解。不同的应对方式会使得该阶段群体性突发事件产生迥异的结果。[①]

## 二、燃烧物质的累积与社会需求

燃烧的前提是燃烧物质的存在，而公众需求满足的缺乏直接对应了燃烧物质的累积。

"戴维斯J曲线"理论提供了借鉴。该理论解释的是革命的爆发和公众期望之间的关系，最基本的思路是：面对突如其来的经济萧条，人民的期望却没有做出相

---

① 陈安：《应急管理的机理体系》，载《安全》2007年第6期。

应的同步调整。根据以往的繁荣经验，人们的期望会继续发展，因此当实际发展状态和人民的预期之间的矛盾达到某一个极限时，革命就会爆发。① 这一描述在群体性突发事件中也可以借鉴，期待的需求满足和实际的需求满足不断扩大的差距，与群体性突发事件的爆发存在一致的时间向度（见图2）。

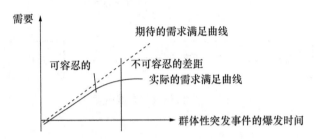

**图 2　群体性突发事件和需求满足的关联**

资料来源：樊友凯：《关于戴维斯 J 曲线的理论探讨》，载《华中人文论丛》2014 年第 1 期。本文作者根据"戴维斯 J 曲线"相关分析进行了适度修订后自制。

现实中社会需求的满足之缺乏和中国特色的社会转型存在密切的关联。塞缪尔·亨廷顿在《变化社会中的政治秩序》一书中提出了社会动荡程度与社会类型相关的理论。作者认为只有当社会形态处于高度传统型社会形态或高度现代化社会形态时才不会发生社会动荡。这一理论也可以用来解释处于转型期的我国群体性突发事件高发的原因。②社会转型必然带来新旧体制之间的冲突。相关领域法律法规建设还不完善，社会公众知法懂法守法的观念不足，法律法规和公共政策实施力度欠缺。社会转型也带来利益格局的调整，社会阶层分化复杂化、利益主体呈现多元化，利益格局的划分和调整变得更细化。值得特别注意的是，在我国现有的社会背景下，主要社会资源呈现出了往少数利益个体和利益集团集中的趋势，贫富差距的持续扩大导致弱势群体利益进一步受损，公众利益诉求难以公开公正地表达，在自己合法利益受到侵害时难以用合法途径维护自己的权益，就会走向非正常渠道。此也成为近期内我国群体性突发事件发生的重要原因。2006 年 10 月 11 日通过的《中共中央关于构建社会主义和谐社会若干重大问题的决定》指出"存在不少影响社会和谐的矛盾和问题，主要是：城乡、区域、经济社会发展不平衡，人口资源环境压力加大，就业、社会保障、收入分配、教育、医疗、住房、安全生产等方面关系群众切身利益的问题比较突出，体制机制尚不完善，民主法制还不健全；一些社会成

---

① "戴维斯 J 曲线"理论首次发表于 1962 年的《美国社会学评论》上，后又连续发表于《人性和政治学》(1963) 和《人民何时及为何反抗》(1971) 两个重要作品中。詹姆士·戴维斯（James Davies）以托克维尔和马克思所揭示的革命现象作为理论出发点，整合心理学和现代化理论中经济学研究范式和现代化理念，提出了 J 曲线理论。

② 〔美〕塞缪尔·P. 亨廷顿：《变化社会中的政治秩序》，王冠华等译，上海人民出版社 2008 年版，第 112 页。

员诚信缺失、道德失准，一些领导干部的素质、能力和作风与新形势新任务的要求还不适应；一些领域的腐败现象仍然比较严重"①。这些因素影响社会公众需求的满足，进而推动群体性突发事件的爆发。

## 三、"点燃温度"与群体心理

"点燃温度"可以理解为群体性突发事件中个体与群体的承受"心理阈值"。当"心理阈值"小于"点燃温度"时矛盾会继续潜伏积蓄，而当"心理阈值"大于"点燃温度"时群体性突发事件就有较高概率发生。社会心理学家巴克（K. W. Back）认为，群体性突发事件中"个体自主人格和自主行为逐渐消失，并且被群体性人格和群体性行为所取代"②。尽管群体性突发事件产生的客观根源是社会矛盾的积聚，但我们也要关注群体性突发事件背后个体或群体的心理因素。

首先，"类化预期落差心理"产生心理失衡，针对群体性突发事件中个体来说，个体"类化预期落差心理"主要来源于两方面：第一，预期中的利益诉求未能实现或者应当获取的既得利益受损；第二，预期中的利益表达途径无效或者收效甚微。这种"类化预期落差心理"会导致个体心理上的巨大落差，而当"类化预期落差心理"作用越强烈时，这种心理活动上的失衡会越加强烈。如果当被"类化预期落差心理"感染的人群的失望和不满等负面情绪超过平衡"阈值"时，群体性突发事件就有较高概率爆发。

因"类化预期落差心理"作用而导致事件群体心理失衡在我国群体性突发事件案例中表现得比较普遍。例如，在群体性突发事件之初，个体会对政府及相关部门倾听他们的诉求和维护他们的利益存在较高的"类化预期"心理。这种"类化预期"往往表现为，他们不希望与政府正面强硬对抗，只是希望把自己的行为控制在政府可以容忍的范围内，期望通过一些和平的方式引起上级政府的注意，从而推动整个事件的解决。但是，当问题迟迟不能解决，或者没有达到他们的"类化预期"，即所谓的"类化预期落差心理"超过心理承受平衡阈值时，这种内心的愤怒和不满会更加强烈，负面情绪甚至会比事件之初更加强烈，当具备这种负面情绪的个体基数达到一定量时，群体性突发事件也就成了大概率事件。③

---

① 《中共中央关于构建社会主义和谐社会若干重大问题的决定》，http://www.gov.cn/govweb/gongbao/content/2006/content_453176.htm，2018年10月10日访问。
② 〔美〕克特·W.巴克主编：《社会心理学》，南开大学社会学系译，南开大学出版社1984年版，第30页。
③ 〔美〕Elliot Aronson 等：《社会心理学》（第五版），侯玉波等译，中国轻工业出版社2005年版，第56页。

其次,"相对剥夺感心理"产生非理性行为。"相对剥夺感心理"的研究最早由学者斯托夫（S. Stouffer）提出并逐渐形成一套和群体性行为相关的成熟理论。"相对剥夺感心理"是一种较为复杂的心理活动，这种心理活动来自于个体将自身状态或者自己所处的环境与他人或者某项参考标准相比较时，发现了某种差距或者只是仅仅觉得存在差距而产生的消极感受。① 这种消极感受（相对剥夺感心理）会给个体带来消极情绪影响，个体受这种消极情绪（如愤怒、怨恨或不满等）的支配会产生非理性行为。②

近年来，随着我国社会改革和转型的逐步深入，产生"相对剥夺感心理"的主要原因也多种多样。第一，贫富差距持续扩大。我国贫富差距有越来越大的趋势，先富带动后富的拉动作用并没有得到较好的体现，贫富差距持续扩大让部分群体的"相对剥夺感心理"更加强烈。此外，部分富裕群体"炫富""为富不仁"等报道让本已对立的阶层关系更为紧张。第二，贪污腐败滋生。近年来，我国部分地方出现了所谓"塌方式"贪污腐败，这种大规模的贪污腐败表现形式往往包含以权谋私、利用权力侵占公共权益等。"塌方式"腐败导致的后果是群众"雪崩式"的"相对剥离感"和政府公信力的"塌方式"下降。前种现象的直接结果是社会矛盾的剧烈激化和群体性突发事件的迫在眉睫，后种现象的直接结果是当地政府凝聚力下降以及后续应对公共政策的执行力下降。第三，弱势群体权益受损。弱势群体的权益保护在国内外一直是难点问题，不仅由于他们的权益保护实施起来困难，而且由于种种复杂的社会原因，他们的利益诉求较难得到重视和保障，所以他们的"相对剥离感"较其他群体更为明显。弱势群体权益受损引发的群体性突发事件，会迅速引起社会大众的普遍同情和关注，政府部门在应对此类群体性突发事件时难度较其他事件更大。

再次,"群体隐匿心理"使群体行为失去道德和法律约束。所谓"群体隐匿心理"指当具备一定数量基数的个体共同参与某项特定事件时，个体会对自己的具体身份认识模糊，并判断个体行为会被群体行为所掩盖。③ 群体成员彼此大多不认识，其身份被人群淹没、同化，处于相对不受社会约束的"匿名"状态，受这种不受惩罚和不被约束的心理影响，部分个体有可能会做出有悖于道德规范和法律约束的行为。④ 古斯塔夫·勒庞（Gustave Le Bon）在其著作《乌合之众》中指出："约束个

---

① 〔美〕罗伯特·K.默顿：《社会理论和社会结构》，唐少杰等译，译林出版社2008年版，第87页。
② 沙莲香主编：《社会心理学》，中国人民大学出版社2011年版，第98页。
③ 〔美〕戴维·迈尔斯：《社会心理学》，张智勇等译，人民邮电出版社2012年版，第42—45页。
④ 储召红：《群体性事件的社会心理学分析》，载《公安研究》2010年第9期。

人的道德和社会机制在狂热的群体中失去了效力","孤立的个人很清楚,在孤身一人时,他不能焚烧宫殿或洗劫商店。但是在成为群体的一员时,他就会意识到人数赋予他的力量,这足以让他生出杀人劫掠的念头,并且会立刻屈从于这种诱惑"。①

在对近年来群体性突发事件案例梳理中发现,这种"群体隐匿心理"在网络事件中表现得尤其突出。得益于互联网尤其是移动互联网技术的高度普及,信息的快速传播与获取成为可能,但是网络的虚拟性使网络信息真假甄别和舆情的监管难度增大。这种"群体隐匿心理"与网络事件案例的契合表现在以下方面:第一,无意识的关注和传播。部分个体在群体性突发事件中会基于围观或者好奇的心理对事件信息进行关注,由于该部分群体对事件全貌信息无法完全掌握,他们会根据网络信息的描述对事件进行再理解和再传播。这种带有个体价值倾向的理解和传播会依附于网络再传播,最终导致的结果是事件偏离原貌和社会影响迅速扩大。第二,有企图的篡改和歪曲。此类群体虽然基数少但确实存在,这部分群体基于不同的企图,依赖网络对个人身份的隐藏和网络监管的困难,对事件的原貌进行有意图的篡改和歪曲,这种篡改和歪曲行为对社会矛盾的激化和事件升级产生了推动作用。

最后,"群体共识心理"使事件规模迅速扩大。"群体共识心理"指的是个体在群体的舆论、气氛和压力的感染下,在价值取向、判断和行为上改变自己原有的观点,自觉或不自觉地选择与群体中占多数的个体保持一致的心理现象。

这种"群体共识心理"带来的影响比较明显:第一,个体行为模式表现为从众现象。群体行为、氛围等要素会以直接或间接的方式向被波及的受众发出影响信息,影响受众的心理活动或者行为,即个体接收到这些影响信息后会因为压力而表现出与事件中多数人相一致的行为模式与价值取向,这种行为模式或是出于个体融入群体的需要,或者是出于个体对偏离群体行为的担忧;第二,群体行为模式表现为"群体正义现象"。在群体性突发事件中,当具有共同或者相似行为的成员的数量增加到足够多时,个体会因为自己的选择与绝大多数的其他人相同,就认为绝大多数人的选择就是整个社会的正确选择,进而认定新的行为合乎规范,即使这种行为朝向激化事态的方向发展。

## 四、"催化剂"与大众传媒

著名学者拉斯维尔(Harold Lasswell)在其1948年的论著《传播在社会中的结

---

① 〔法〕古斯塔夫·勒庞:《乌合之众——大众心理学研究》,冯克利译,中央编译出版社2011年版,第124页。

构和功能》中提到大众传媒对于社会的重要责任是一种"环境监视功能"。美国著名新闻人约瑟夫·普利策（Joseph Pulitzer）曾经对大众传媒的社会功能进行过类似于"瞭望者"的比喻，大众传媒的职能之一就是以客观、真实的视角发现社会问题并将社会问题公之于众。①

大众传媒是信息公开的传递者。除了传统媒体，移动互联网的极大发展，使得网络的渗透率加剧，据中国互联网络信息中心（CNNIC）2018年初发布的《第42次中国互联网络发展状况统计报告》显示，截至2018年6月，我国手机网民规模达7.88亿，网民中使用手机上网人群的占比由2017年的97.5%提升至98.3%，网民手机上网比例继续攀升。新媒体的快速发展和普及渗透并丰富了传统媒体的信源和传播力，新媒体已经成为公共危机事件信息传播的关键力量。新媒体打破了原来信息传递单向性的壁垒，让信息交流成为可能。值得注意的是，大众传播并不是直接流向一般受众，而是通过"大众传播——意见领袖——一般受众"这样一个程序实现的，具有"意见领袖"这一个中间环节。意见领袖在传播学中指的是活跃在人际传播网络中，经常为他人提供信息、观点或建议并对他人施加个人影响的人物。意见领袖对传播效果会产生重要影响，尽管他们与被影响者一般处于平等关系而非上下级关系。一般情况下，意见领袖是均匀分布在社会上任何群体和阶层中的，并不是特定的人群，他们社交范围广泛，信息渠道丰富，新媒体使得意见领袖在大众传播效果的形成过程中起着重要的中介或过滤的作用，由他们将信息扩散给受众，使得信息传递具有两级传播的特征。

按照公共政策学的分析，政策议程的推进力量是多方的。近年来，我国已经形成一种新的议程设置模式，也就是公共政策往往是因为新媒体提出议题，进而成为传统媒体报道的重点，往往成为公众关注的重点，引得全社会的广泛关注，使得社会问题进入政策议程，从而推动政府制定相应的公共政策。这就是设置议程的作用，美国传播学家 M. E. 麦库姆斯（M. E. McCombs）和唐纳德·肖（D. L. Shaw）于1972年在《舆论季刊》上发表的论文《大众传播的议程设置功能》中最早提出了议程设置功能这一理论。这个功能是动态的、长期的、持续的过程。

然而现实中，新闻正从客观的事实变成可以策划出的事实，变成可以把握甚至操纵的事实，这在公共危机中加大了不可预知性。

首先是所报道信息的不透明，失真变形。在群体性突发事件中，大众传媒的站

---

① 方延明：《新闻文化外延论》，南京大学出版社2002年版，第42—43页。

位和价值取向能成为影响事件发展的重要因素，某些大众传媒在与利益集团的互相依附、利益往来中已经丧失了自身独立的立场和作用力，沦为那些优势利益集团的"传声筒"。其中，新媒体素质和专业水平良莠不齐，在新媒体平台上发布虚假消息，掺杂个人情绪，不客观不全面地反映事实，引起误会和猜疑。

其次是缺乏社会规范带来的煽情性导向，目的是为制造轰动性效应，漠视社会责任。危机新闻带来的刺激性更容易挑动人的不良情绪，为求轰动而进行的炒作更易挖掘负面新闻或者个人隐私吸引公众的眼球，使得社会心理动荡和焦虑以及恐慌，也使得社会行为中的非理性因素加大，本能行为增加，原有的社会秩序被打乱，如果社会舆情中充满有关危机的流言，人们就会开始质疑政府的公信力与职责。

从上述分析可见，大众传媒或者新媒体在群体性突发事件燃烧模型中发挥着"催化剂"的作用，即大众传媒能成为群体性突发事件恶化升级的负方向"助燃剂"。大量的案例表明，一方面，群体性突发事件大多起源或升级于政府信息不公开、不及时，大众传媒引导与管控不力，因为存在一定的"首因效应"，即当面临两种不同的冲突信息时，它们的不同呈现顺序会影响公众的接受，公众往往会倾向于接受先出现的信息；另一方面，事件往往结束于政府主动与大众传媒合作，澄清不实传言、公开事件真相、发布应对公共政策，而这也是群体性突发事件结束的重要步骤。

## 五、基于 3R 的群体性突发事件阻断建议

根据社会燃烧模型的分析框架，结合群体性突发事件的成因，可以讨论以阻燃（resist）、降温（reduce）、恢复（recover）为切入点的政府应对策略，其主要原理如图 3 所示。

首先，阻燃即在群体性突发事件爆发之初，"燃烧物质"尚未被"点燃"的阶段，采取适当手段阻止或者延缓群体性突发事件的发生。建立健全群体性突发事件的预警机制，主动化解人民内部矛盾、降低事件发生的可能性和危害，为构建和谐稳定的社会环境打下坚实基础。

我国为加强群体性突发事件预防和预警机制建立起了一种树形的结构框架，中央政府制定了诸如《国家突发公共事件总体应急预案》和国家专项应急预案等纲领性指导文件，作为应对群体性突发事件的主体即各级地方政府，也制定了各自不同

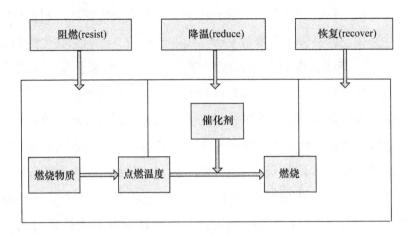

**图 3　基于 3R 的阻断建议**

资料来源：本文作者自制。

的应急预案。尽管不同层级的应急预案高度不同、内容不同，但一份可操作的应急预案最少应该包括应对群体性突发事件的总则、组织体系、运行机制、应急保障和监督管理等基本内容。除此之外，大众传媒还可以发挥预警作用，依赖其广阔的平台资源，通过采访和报道等多样手段获取大量的相关信息，在群体性突发事件潜伏阶段就发现矛盾的端倪。

其次，降温即在群体性突发事件的应对全过程中，政府及相关部门以平等信任的态度，以诚相待、开诚布公、加强协作，通过大众传媒的功能来协助和促进政府及相关部门的应对工作，形成两者的良性互动。具体体现为，大众传媒应该保障社会公众对政府信息的知情权，实现对群体性突发事件发展的关注，保持对公共政策制定和执行的监督，与此同时又作为政府的"扩音器"向社会公众不断发布事件进展和政府公共政策。

最后，恢复即从利益表达和利益救助机制着手，让各个利益群体及其代言人能够公平公开地表达利益诉求，通过合法和合理的方式实现他们的诉求，最终化解群体性突发事件。在这一阶段，大众传媒的舆论引导能对社会秩序的稳定、公众的心理情感起到至关重要的引导作用。[1]客观、公正且坚守其社会责任的大众传媒，能更多发现和关注群体性突发事件背后的深层次社会矛盾和利益冲突，引导人们用科学、理性的态度观察和反思整个群体性突发事件，重新激发乐观、昂扬、向上的社会态度，尽快从事件之初的混乱和冲突中重新恢复社会秩序。

---

[1] 虞达文：《新闻心理学》，新华出版社 2001 年版，第 46—50 页。

理 论 探 讨

# 公民参与:环境类群体性事件治理的新策略

汪伟全 刘佳宁*

**摘　要**:环境问题是 21 世纪面临的重要问题,环境污染与环境风险可能导致社会公众的普遍不满,进而引发社会群体性事件。事实上,环境维权与抗争,除了要关注国家与社会关系方面的作用,也需要重视社会力量的作用。随着物质条件、民主法治及公民意识的不断提高,社会公众开始要求积极参与到环境治理中。基于环境保护维权乏力这一客观需求,本文提出环境类群体性事件治理的新策略——公民参与。在环境治理中,公民参与具有特定的基本内涵,且公民参与的客观事实给政府的环境治理提出了要求。为了环境类群体性事件的治理创新,政府要切实保障社会公众在环境治理过程中的知情权与参与权,实现公民治理的事前参与、过程参与和末端参与。

**关键词**:环境;群体性事件;公民参与;治理策略

## 一、研究背景与文献综述

环境问题是 21 世纪我国面临的重要问题。环境污染可能导致社会普遍不满,并可能直接引发社会群体性事件。环境污染是导致万人以上群体性事件的主要原因,在所有万人以上的群体性事件中占有半数的比例。[①] 有资料表明,1995—2006

---

\* 汪伟全,管理学博士,华东政法大学政治学与公共管理学院教授、博士生导师,清华大学中国应急管理基地研究员,主要研究领域:区域战略管理、应急管理;刘佳宁,华东政法大学政治学与公共管理学院硕士研究生,主要研究领域:公共安全管理。

① 《社科院统计 14 年间群体性事件:广东居首 劳资纠纷是主因》,http://www.guancha.cn/society/2014_02_25_208680_s.shtml,2018 年 10 月 8 日访问。

年,环境信访的总数在 11 年间增长了 10 倍之多。此外,自 1996 年以来,我国环境类群体性事件一直保持年均 29% 的增速,重特大环境事件高发频发。

环境类群体性事件呈扩大化趋势有两个重要原因:一是公众的自我意识不断觉醒,环境保护意识与生态安全意识也日益增强。环境类群体性事件的发生,很大程度上是由于公众担忧未来可能发生环境污染,进而采取集体示威等相关行动,以图阻止相关项目的施工,从而实现环境的利益诉求。会出现这种情况,很大程度上是因为公众在环境风险决策中没有获得相应的地位,导致了因恐惧风险而表现出强烈的反抗。① 二是体制内环境权益维权难以实现。大多数环境维权事件仅在民生诉求范围内,尚未上升到政治诉求的高度。这类事件共同的基本逻辑是,地方政府为发展经济引进污染企业,因污染而受害的公众四处维权却得不到及时、有效的处理,为了维护自身利益,公众只有采取体制外方法。

20 世纪 80 年代,西方学术界开始研究环境敏感项目引发的公众抗议运动与公众风险认知之间的关系。其核心观点是,促使公众抗议和抵制环境敏感项目的心理基础在于公众对环境风险的认知与专家对环境风险的评估不一致。围绕这一观点,形成了认知策略、心理模型、心理噪音等不同的解释理论。认知策略理论认为,公众进行风险认知时所使用的一些认知策略不同于专家们所使用的科学分析方法,因而会造成系统错误和认知偏差。② 心理模型理论认为,导致公众的风险认知与专家的风险评估不一致的原因在于公众认知环境风险的"心理模型"与专家评估风险的方式存在重大差异。③ 心理噪音理论则强调,由于恐惧、紧张、压力等心理噪音(mental noise)的影响,公众很难对环境风险形成客观而理性的认知。④

国家与社会关系视角下的环境抗争研究,关注了除政府以外的其他社会力量的作用。在西方发达国家,社会中层组织的发达、公民社会力量的崛起及其对政府政治决策结构的钳制作用、公众环境意识的觉醒、基层环境抗议的不断增多以及环境运动的兴起等活动,被认为是社会对抗或者抵制国家的形式,反映了国家与社会的关系变化。⑤ 汉尼根(John Hannigan)认为,对于有前途的环境问题来说,要想充

---

① 郭红欣:《论环境公共决策中风险沟通的法律实现——以预防型环境群体性事件为视角》,载《中国人口·资源与环境》2016 年第 6 期。
② 谢晓非、郑蕊:《风险沟通与公众理性》,载《心理科学进展》2003 年第 4 期。
③ M. Morgan, et al., Communicating Risk to the Public, *Environmental Science Technology*, Vol. 26, No. 11, 1992, pp. 2048-2056.
④ R. E. Lundgren, A. H. McMakin, *Risk Communication: A Handbook for Communicating Environmental, Safety and Health Risks*, IEEE Press, 2009, p. 17.
⑤ 张金俊:《国外环境抗争研究述评》,载《学术界》2011 年第 9 期。

分而成功地抗争，应当有制度化的支持者，以确保环境问题建构的合法性和持续性。一旦环境问题进入政策议程和法律程序，这一点就显得尤其重要。① 汉尼根指出，一个有前途的环境问题必须受到媒体的关注，在媒体报道中，相关的主张要被塑造得既真实又重要，许多当代问题就是这样成功的，如臭氧稀薄、生物多样性损失、雨林毁坏、全球变暖等。②

显然，政治机会结构影响着社会运动的策略选择。如果政治体制具有开放性，但政策实施能力弱，则社会运动可能采取"融入性策略"（assimilative strategies），如游说、请愿、组团参与选举竞争、向法庭提起诉讼等；如果政治体制封闭，但能够化解各种威胁政策的实施，则社会运动可能采取"对抗性策略"（confrontational strategies），如游行示威、占领交通要道等。③ 根据以上两种政治机会结构与相对应的社会运动策略，瑞典和美国的抗争者普遍采取"融入性策略"，倾向于体制内的运作方式；而法国、德国的政体为公众表达抗议提供的制度化渠道较少，所以社会运动采取了更具对抗性的策略。

国内文献认为，环境群体性事件是我国社会中的人民内部矛盾，是公众为了维护自己的生存权、健康权而采取游行、集会、围攻、集体上访等方式反对污染企业落户、生产或排污的一种群体性事件，是公众基于维护生态利益而采取的环保自力救济行为的典型表现。在对环境群体性事件的治理中，刘细良指出，政府在管理上需要畅通利益诉求渠道，保障公民参与；④ 张劲松认为，社会参与度不高是环境群体性事件频发的重要原因；⑤ 金文哲认为，在现代化的城市环境治理过程中，政府尤其需要转变治理理念和思维，扩大多方参与途径；⑥ 顾金喜提出，环境群体性事件的治理首选就是"源头治理"，即避免将当地民众排挤在政策之外，忽视他们的诉求表达、剥夺他们的正当权益；⑦ 彭小兵认为，政府与公众在环境治理中应处于

---

① 〔加〕汉尼根：《环境社会学》，洪大用等译，中国人民大学出版社2009年版，第82页。
② 同上书，第81页。
③ Sidney Tarrow, Power in Movement: Social Movements and Contentious Politics, Cambridge University Press, 1998, pp. 81-82.
④ 刘细良、刘秀秀：《基于政府公信力的环境群体性事件成因及对策分析》，载《中国管理科学》2013年第S1期。
⑤ 张劲松：《邻避型环境群体性事件的政府治理》，载《理论探讨》2014年第5期。
⑥ 金文哲、柏维春：《城市环境公共事件危机管理：发生机理与治理之策》，载《求索》2014年第7期。
⑦ 顾金喜：《环境群体性事件的源头治理——基于"两山"论在浙江的实践分析》，载《浙江社会科学》2016年第7期。

信息对等、合作监管的治理机制中,着重强调二者间的信息完全博弈;① 李修棋指出,人类社会已处于风险之中,传统社会背景下的政府环境决策已无法适应时代要求,政府应该具有风险管理思维,将风险决策科学化、民主化、法治化,为此,需要加强信息公开,落实环境决策的公众参与。② 从以往的文献来看,环境群体性事件的治理视角多是从政府角度出发,强调政府需要保证环境治理信息公开透明、公众利益表达机制畅通,转变思维方式与治理手段,将社会公众纳入环境保护治理中。

本文主要研究公民参与式的治理策略,从公众的角度出发,强调社会公众在环境治理中的主体地位,改变以往的以政府为中心的治理模式,转而以公众为中心,政府将协助、保障公民发挥其应有的作用,在环境治理的事前、过程、末端三阶段中真正实现公民参与。

## 二、公民参与的基本内涵:一种新型治理模式

### (一) 公民参与的内涵

公民参与的理论渊源,来自"公民治理"理论。理查德·C. 博克斯（Richard C. Box）较早地描绘和构建了 21 世纪美国社区的新型治理模式。该模式主要围绕公民、政府代议者、公共服务职业者之间的角色定位与关系变化展开,主张复归传统三大价值:地方主义、小而有回应的政府、公共服务职业者作为公民的咨询者和帮助者。公民治理模式必须坚持适度规模原则、民主原则、责任原则、理性原则,主张抛弃传统官僚制的集权控制和单向型管理模式,倡导从以往的"政府中心"转变为"公民中心",力图构建适应后工业时代的公共治理新模式——公民治理模式。

公民参与理论的核心思想在于:公民是积极的"参与者"和"治理者",而不是传统理论中所描述的被动接受者;基层公共事务的治理应以公民为中心,公民积极主动参与基层公共事务管理;政治代理人应该充当"协调者"而不是发号施令者,他们放权于公民,让公民主导和管理公共事务活动;行政专业人员应充当公民

---

① 彭小兵、谢虹:《应对信息洪流:邻避效应向环境群体性事件转化的机理及治理》,载《情报科学》2017 年第 2 期。
② 李修棋:《为权利而斗争:环境群体性事件的多视角解读》,载《江西社会科学》2013 年第 11 期。

参与公共事务的"促进者"和"帮助者"而不是执行者和控制者。因此，在公民参与的公共行政模式中，政府是一个"小而精悍的回应型政府"，公共事务的履行更需要社区与公民的参与。换言之，公民参与就是一种在公共事务管理与公共服务供给过程中以公民参与为中心的新型政府治理模式。

作为一种新型的政府治理模式，公民参与模式必须具备自身的目标，即所要达成的愿望或完成的使命。公民参与模式的目标是："在最基层的社区层面上，通过成立必要的治理机构来协助公民持续、便利地参与社区公共事务的决策与实施，形塑出'积极的公民'，从而最大限度地实现'强势民主'。"① 这里的"积极的公民"是指那些积极参与到各种各样社区事务和社区组织中的公民，他们关注社区发展，希望自己在社区事务中发挥积极、持续的影响。② "强势民主"是一种参与的政治形态，其基本的价值在于决策过程的参与行动和公民态度是积极的，但必须在分权的政府形态下才能实现。

公民参与模式中主要包括公民、代议者和公共服务职业者三个主体。公民是指广大民众，尤其是指治理的利益相关者。代议者即管理当局或政府。希尔（B. W. Hill）认为，代议者应具备这样的品质："代议者不应存有偏见，他应该成熟果断，富有良知，开朗通达，不应为你、为任何人或为任何类型的生活方式左右。代议者的这些品质并非来源于你喜欢与否，也不是源自于宪法或条例的规定，这是上天赐予的信任，他们必须本着高度负责的精神认真对待。"③ 公共服务职业者则是全职地、训练有素地奉献于社区的公共服务的人，即公共服务提供者。此外，公民治理的实现必须成立下列重要的机构：一是公民协调委员会，即将民选出来的治理机构从中央决策制定的角色转变为公民协调的角色，其功能是倾听各种不同的声音；二是公民理事会，通过建立公民咨询委员会，来协助地方政府对诸如公共事业、消防、卫生、公园与娱乐等公共事务的执行；三是帮助者，公共服务提供者的角色是协助社区公民了解社区的议题、服务与决策，协助他们执行日常事务。④

---

① 徐君：《公民治理理论及其对中国街政改革的启示》，载《学海》2007 年第 3 期。
② 〔美〕理查德·C. 博克斯：《公民治理：引领 21 世纪的美国社区》，孙柏瑛译，中国人民大学出版社 2005 年版，第 63 页。
③ B. W. Hill (ed.), *Edmund Burke On Government, Politics, and Society*, International Publication Service, 1976.
④ 〔美〕理查德·C. 博克斯：《公民治理：引领 21 世纪的美国社区》，孙柏瑛译，中国人民大学出版社 2005 年版，第 137 页。

## (二) 公民参与环境治理的社会条件

**1. 经济发展和社会进步影响公民参与**

马克思主义认为,经济基础决定上层建筑,上层建筑对经济基础具有反作用。我国市场经济的飞速发展,在一定程度上给我国的公民参与提供了有效的经济物质基础,必然对我国的公民参与产生影响。计划经济体制下国家对国民的政治、经济、文化、社会等各方面进行全面干预,公民参与虽具有普遍性,但却缺乏理性。由于经济发展状况和政治状态的原因,当时的公民参与主要是响应国家和党的号召,具有强烈的革命性、政治动员性和意识形态色彩。公民参与各种生产生活活动,都是在国家的号召下、在地方政府的强迫和需要下的集体活动。虽然表现为普遍程度上的公民参与,但并不是每个公民自发作出的理性明确选择,也不是一个国家应当具备的正常状态。大办集体食堂、大炼钢铁等轰轰烈烈的全民参与,就是典型例证。社会的进步带来公民意识的觉醒。在经济快速发展的社会主义市场经济条件下,公民参与无论在参与事务还是在参与行为上都更加趋于理性化、现实化和自主化。经济的飞速发展促进了社会的快速发展,公民的参与意识和权利意识觉醒并逐步增强。公民在行使自己的权利时更加理性、自主,不再一味盲从,积极回应国家号召。在参与事务方面,更加关注自己的权利和利益,参与变得更加实际。

**2. 公民意识的觉醒促进公民参与**

中华人民共和国成立后,人民当家作主,被赋予参与国家事务的各项权利,参与意识逐渐萌生。改革开放带来经济飞速发展的同时,也促进了人们思想的开放和公民意识的觉醒,封建思想的影响越来越淡化,人们的参与意识和参与需求越来越强烈。社会的民主化进程在很大程度上促进了公民意识的觉醒,而现代公民意识又与现代社会的核心理念和核心价值观存在密切的联系。当代文化学者张修林认为,形成现代公民意识的意义在于,它能够在很大程度上为现代民主社会的核心价值理念的形成提供有力的保障。同时,现代民主社会的核心理念和价值促进着现代公民意识的提升,这两者共生、共存,相互交融并相互促进。公民意识主要包括公民的参与意识、监督意识、责任意识和法律意识四个方面。其中,公民的参与意识是公民意识中的首要意识。公民只有亲身参与到与切身利益相关的事务中来,才能对自己的权利和义务有深切的体会,并逐渐形成理性的参与意识。

**3. 民主法治的进程保障公民参与**

社会主义国家强调人民当家作主,强调依法治国,用法律来规定和保障公民的各项权利和义务。构建社会主义和谐社会同物质文明建设、政治文明建设和精神文明建设是有机统一的，通过依法保障公民的政治参与权，发展社会主义民主，维护公平正义，维持安定有序，不断推进社会主义和谐社会的建设。社会主义的本质是人民当家作主，社会主义国家的合法公民的参与权受到国家法律的保护。依法保障公民的参与权，体现在各种法律法规的制定和施行上。

在环境保护方面，2002年通过的《环境影响评价法》首次明确了公民参与的地位，鼓励公民参与到与环境相关的建设项目规划和环境影响评价中去。2004年国务院颁布《全面推进依法行政实施纲要》，明确提出要保障利害关系人的知情权和参与权。2006年2月，为了加强环境决策的民主化，提高对公民环境权益的法律保障，国家环保总局出台了《环境影响评价公众参与暂行办法》，此后，在适应社会经济发展的基础上以及优化调整公民参与环境治理的实践上，正式通过了《环境影响评价公众参与办法》，定于2019年1月1日施行，《环境影响评价公众参与暂行办法》废止。此外，《环境保护行政许可听证暂行办法》《环境保护行政主管部门政务公开管理办法》《国务院关于落实科学发展观加强环境保护的决定》等一系列法律规范都对公开环境信息、引入公民参与、强化社会监督作了规定。由此可见，法律法规为公民的参与权提供了依据和保障。民主法治是现代国家的重要特征和标志，更是社会主义国家的根本要义。民主法治是公民各项权利尤其是知情权和参与权得以实现的重要保障，没有民主法治的完善和进步，公民的参与权便是无源之水。

## 三、公民参与环境治理的客观需求：环境维权乏力

公众一旦面临环境污染或者环境风险，政府应当有效保障公众环境权益。新公共服务理论要求政府应当最大程度地保障公众对环境事务的知情权，以及对环境类公共事务决策的参与权。然而，在环境类群体性事件中，公众的环境利益诉求却得不到有效保障。

（一）环保决策参与权未保障

政府没有主动邀请公众参与到环境影响评价报告的编制和审批阶段，或者选取的公众不具代表性，或者公众无法充分表达意见，或者不采纳公众所表达的意见，因此公众未能真正参与到与其切身利益密切相关的政府对重大工程建设的公共决策

中来,这使得环境影响评价报告结论难以让公众信服。例如,大连福佳大化 PX 工厂早在获批试生产前近 10 个月、国家公示环保验收结果前近 17 个月就投产;该项目的环境评估报告中称曾获得 66.7% 的被调查者支持,然而却找不到任何听证会记录。①

政府没有有效保障公民环保决策的参与权,与我国《环境影响评价法》和《环境保护法》等法律对公众参与环境管理的不完善密切相关。相关法律只进行了原则性规定,没有作出具体规定;《环境影响评价公众参与暂行办法》既没有赋予公众参与环境评估明确的法律效力,也没有规定政府忽视公众的环境权应当承担的法律责任,公众的参与权依旧无法保障。在实践中,如果不是因为媒体的曝光或者发生环境群体性事件,政府往往就不会主动组织召开听证会。这在事实上剥夺了公民的环保决策参与权。

## (二) 环境知情权未保障

新公共管理理论认为,政府的责任在于通过公开公共信息激发公民对社会的责任意识和社会荣誉感,以此来体现民主社会的公民权利,体现公共服务的尊严和价值。但地方政府因未能有效公开环境信息,直接剥夺了公民的环境信息知情权。

尽管《企事业单位环境信息公开办法》(2014 年)赋予公民在法律上享有了环境信息知情权,但政府事实上未能及时有效公开政务信息,包括对各种技术语言也未能对公众进行解释。根据公众环境研究中心和国际自然资源保护协会发布的数据,2012 年全国 113 个环保重点城市的污染源监管信息公开状况,其中有 93 个城市分值不合格,占总数的 82%。②

## (三) 公民参与机制缺乏

公民参与机制的缺乏,除了制度建设的滞后外,还有以下一些原因:一是公民参与可能导致公共项目运作成本的增加。一般而言,在公共政策过程中,参与的角色越多,期望发挥作用的人越多。公共决策的公民参与者的增加势必迫使相关项目

---

① 《检讨大连 PX:城市如何完美"拆弹"》,http://news.ifeng.com/opinion/special/dalianpxxm/,2018 年 10 月 22 日访问。

② 《环境信息公开陷"瓶颈"》,http://opinion.jrj.com.cn/2013/03/30011615188722.shtml,2018 年 8 月 10 日访问。

运作成本的攀升。对此,有地方官员评论道,市民参与花了这个城市的不少钱,因为市民的参与需要一些装饰,而此类装饰已经远远超出了特定项目合理的效用。二是公民常常不能理解政策质量标准中包含的知识和常识。所以,他们可能会对专业领域或科学界认定的政策质量标准提出质疑。如果在公民参与后通过的最终决策中,这些标准被忽略了,那么公共决策的质量无疑会受到损失。三是公民参与可能会阻止改革、创新。不管是与市民还是与其他行动者进行广泛的民主磋商,都增加了一些人否决改革方案或者迫使方案妥协的可能性。如果民主磋商能够成功地阻止那些规划不良的改革措施,那么它的发展就是有益的。但是,民主磋商如果阻挠了任何或所有的改革议程的话,它的发展趋势就不那么乐观了。[①]

尽管公民参与环境类项目的立项设计、环境保护的政策制定,可以有效防止出现环境矛盾和纠纷,但相关的环境参与机制仍然缺乏。如果政府能够制定公民参与环保的机制,搭建政府与公众沟通的平台,向公众宣传环境保护、环境类工程项目的有关知识,这样公众就会理解和支持这类工程项目。公众也就不会一听说冶金、化工项目,就"谈虎色变",就不会一味地抵制这些项目。

然而,由于地方政府缺乏有效的公民参与机制,造成公众对于环境保护的政策法规了解不够,对环境类项目工程的了解不足,出现了环保问题,就会对政府表示不满。由于地方政府对公众参与环境保护的重视不足,参与制度和机制不健全,造成了政府、企业、公众之间的沟通不畅,也给发生的环境纠纷和矛盾的解决带来很大的困难。

### (四)环境权益救济机制缺乏

不少企业在经济利益的驱动下,随意破坏生态环境,给当地居民的生产生活带来严重威胁。一旦公众的环境权益受到侵害,公众希望通过当地政府和有关部门予以解决。其基本途径有:以信访方式向相关部门反映,通过行政协调的途径解决;向法院起诉,通过环境制裁来解决环境纠纷;通过民间环保组织与当事企业进行谈判解决。如果这些途径都能够发挥应有的作用,则可以解决环境矛盾和纠纷,能够有效地预防环境类群体性事件的发生。

然而,通过分析近年的环境类群体性事件不难发现,公众的合法权益没有得到

---

① 〔美〕约翰·克莱顿·托马斯:《公共决策中的公民参与》,孙柏瑛等译,中国人民大学出版社2010年版,第19页。

及时维护,这是环境类群体性事件发生的一个重要原因。公众面对权益受损害,通过正当途径不能主张诉求时,将会被逼入绝境,从而寻求体制外的维权途径。当体制外维权成为必然,通过法律方式可以和平解决的矛盾演变成群体冲突就在所难免了。①

## 四、公民参与:环境类群体性事件的治理创新

通过一定的过程或程序,公民可以对政府或法团的决策活动产生影响,借此表达出自己的关注、需求或价值观。② 在民主的政治体制下,公民影响公共政策的方式主要有以下几种:一是参加政党或政治团体,希望它们竞选成功,实施有利的政策;二是参加利益团体,希望经由利益团体去影响政策;三是通过影响舆论的方式,使一般民意与自己的意见接近,因而利用民意去影响政策;四是通过直接游说的方式,去游说政府官员或民意代表,去影响投票和决策意向,进而影响政策;五是使用带有威胁性的办法(包括半合法和不合法的办法),如请愿、游行、罢工等。③ 结合环境类群体性事件的具体情况,其公民参与的途径与方式有:

### (一) 事前参与

环境类群体性事件的治理,必须把重点放在事前参与。所谓事前参与,是指对重大的环境政策或环境项目在决策前举行听证会广泛征求意见,听取和了解公众的意见,使得决策实现科学民主。如果事前公众参与到位,公众意见得到政府和企业的重视,那么群体性事件是可以得到预防的。事前参与是环境事务有效治理的前提,为此必须重视以下两个方面:

**1. 保障环境状况的公众知情权**

根据《环境影响评价公众参与暂行办法》的规定,建设单位或者其委托的环境影响评价机构、环境保护行政主管部门,应当就项目本身涉及的环境问题,通过网络平台、所在地报纸及张贴公告等方式,同时鼓励采用广播、电视、微信、微博等新媒体形式,向公众公开有关环境影响的信息。信息公开必须充分考虑信息的容量

---

① 卢春天、齐晓亮:《公众参与视域下的环境群体性事件治理机制研究》,载《理论探讨》2017年第5期。
② J. L. Creighton, *The Public Participation Handbook: Making Better Decisions through Citizen Involvement*, Jossey-Bass, 2005, p. 7.
③ 李伟权:《政府回应论》,中国社会科学出版社2005年版,第57页。

和公众的理解能力，必须使得公众能够清楚了解未来的建设项目或规划的环境影响。

信息公开必须遵守以下一些时间节点：一是在确定环评机构后，应告知公众建设项目、建设方、环评机构等简要信息；二是在编制环评报告书的过程中，报送环境保护行政主管部门审批或者重新审核前，进一步公告有关环评和公众参与的信息；三是环境保护行政主管部门应当在受理建设项目环境影响报告书后，在政府网站或者采用其他便利公众知悉的方式，公告环境影响报告书受理的有关信息。

在实践中，一些重大项目的环评信息在环评的早期进行了信息公开，但是公众却强调并不知情。例如，厦门PX事件中，政府环保部门一再强调政府已经在环评阶段进行了信息公开和公众参与，但当地公众似乎并不知情；四川什邡事件和浙江宁波PX事件中，在环评阶段同样做到了一定程度上的信息公开，但直到项目推进过程中，公众才有了剧烈的反应甚至过激行为。从程序上而言，建设单位、环评机构的做法即便符合信息公开的规定，也并不意味着公众就一定获知了相关信息。因为这和环评信息的公开程度、公开方式有关，更为重要的是公众对项目环境影响的认识会随着其对项目的认知程度、环境意识和环境素养而变化。

**2. 环境决策参与权**

公民参与环境决策是国际社会公认的解决环境问题的重要原则，也是从根本上遏制环境恶化的有效途径。公民治理理论要求公民以"积极的公民"资格参与环境决策，在与政府部门彼此合作、相互依存的环境中分享环境决策权，共同管理环境事务。公民参与环境决策的过程，是公民主张环境权利、发挥能动性和实现主体性的过程。公民参与环境决策有助于消除公民对环境管理事务的疏离感，培育"积极的公民"，使公民与公共官僚、政治精英之间形成合作伙伴关系，让公民在环境决策过程中能够真正扮演积极而重要的角色。

参与环境决策是公民直接参与国家政治生活的一项重要内容，也是参与式民主理论在环境管理和保护事务中的实际应用。公民只有积极参与环境治理，尤其是参与环境决策过程，才能更好地维护自身的正当权益，避免环境权益受到不法侵害。因此，为了充分发挥公民在环境决策中的主人翁地位和主体作用，实现公民对环境的自主治理，必须重新界定公民、政府官员在环境决策中的角色：公民成为环境决策的主体而非客体；政府官员的主要作用在于为协调公民参与环境决策而作出种种努力，而不是代替他们作出决策；政府工作的重心是帮助公民实现其环境治理目标，而不是成为着力于控制公民的权威机构。

## (二) 过程参与

过程参与既包括环境决策的参与，也包括环境评估的参与。其中，环境决策主要是指环境项目的规划与公共政策的制定。具体来说，在政策酝酿初期要征询公众的意见，进行科学政策可行性论证，树立正确的价值导向，确保政策的制定目标不偏离公共利益的轨道；在政策制定过程中，相关社会组织和个人能够全程参与，包括参与政策的辩论和质询，对政策的每一项条款和实际可操作性进行充分辩论，对不合理的政策规章实现一票否决，从而确保制定出来的公共政策以公共利益的实现为目标，减少环境污染和公众利益受损等问题的出现。

联合国环境规划署（UNPE）认为，有效的公民参与有五个要素：一是识别拟建项目所造成影响的相关利益或受影响团体/个人；二是提供准确的、易理解的、中肯的且及时的信息；三是在决策者和受影响人群之间开展对话；四是吸取公众对决策的意见；五是反馈所实施的开发行为效果和公众影响决策的程度。

鉴于此，环境决策的多中心化再造，应该重点围绕公民个体层面展开，着力于创造公民践行自身权利的机会和培养公民理性维权的素质能力。具体可以归结为以下几个方面：

第一，应该明确公众的范围。参与的公众应该具有广泛性和代表性，不仅包括公众，还应该包括社会组织、媒体等其他利益相关方。在环境影响评价过程中，可以适当运用代表人制度，通过选择能真正为委托人利益着想的代表参与到环评程序中，实现公民参与环境影响评价程序的作用，更好地发挥公民参与环评的功效，避免公民参与流于形式。

第二，应明确公民参与的方式与时机。公民参与环境影响评价的方式是多种多样的，主要有以下几种：听证会、座谈会、公告、民意调查、全民表决、一般公开说明会、公众提问等。从世界各国或地区的立法和实践来看，公民参与的方式不可以僵化，不能机械化地规定什么情况下使用哪一种参与方式，参与的方式和方法应该根据实际情况去选择，在某些情况下，也可以进行组合运用。

第三，应进一步完善参与程序。在《环境影响评价法》中，虽然有规定国家鼓励公民参与，但是却缺乏明确公民参与程序的信息。因此，今后在制定相关法律法规时应该规定公民参与的具体方式和程序，避免公民参与停留在一纸空文的状态。

第四，加强政府与企业、公众之间的沟通商讨机制。建立起制度化的沟通协商机制，使多元主体可以参与社会治理和社会冲突的解决过程。沟通协商机制至少包含四方面的内容：一是政府主导下的沟通协商机制；二是自上而下的多层次沟通协商机制；三是自下而上的多层次沟通协商机制；四是政府内部的沟通协商机制。应充分利用协商共识和谈判的手段，将存在利益冲突的各方汇集起来，以政府为主导，为他们构建一个沟通、协商的平台。

环境评估参与是过程参与的另一个重要内容。建立环境评估机制，对全面认知其可能造成的环境损害，以及尽可能将这种潜在的损害减少到最低程度，具有至关重要的作用。因此，在项目建设之初，政府及项目相关单位应当对项目可能带来的环境风险有一个全面、明确的认识和客观的评估，建立环境评估机制必不可少。

在进行环境评估时，利益相关者的识别一般以受到"直接影响"或存在"利害关系"为依据，包括自然人和法人。世界银行提出，项目开发者进行环境影响评价时，必须判断和识别直接受到影响的群体和个人，包括项目的可能受益者、可能遭受风险者和利害关系者。判断受项目影响的因素包括受影响的居民范围或程度、影响的强度、影响的持久度、影响是否可以恢复等。[①] 在实践中，建设单位和环评机构一般先按建设项目的评价范围即空间距离来确定利益相关者，而评价范围又根据水、气、声、辐射等环境要素的影响而各不相同，分别有大气、水环境、声环境和辐射等影响范围。

听证会是环境评估最正式的参与形式，也是最为严格的公民参与方法。听证一般分为正式听证和非正式听证。正式听证的结果具有一定的法律效力，决策机关依据听证记录作出相关有约束力的决定；非正式听证主要是给予当事人表达意见的机会，决策部门并不一定依听证的内容作出决定。

一般来说，由建设单位或环评机构组织的是非正式听证会，一是权限不够，不具备决策能力；二是听证效力不明，这种听证会实际上类似于"公开说明会"或"座谈会"，通过一种貌似于听证的程序向公众传达相关的环评信息，并听取公众提出的意见和建议。与之相反的是，环评行政许可过程的听证会属于正式听证的范畴，该听证会的组织者、主持人、记录员等主体是法定的。一般而言，建设项目环评的听证会由审批该项目的环保部门组织，规划环评则由规划审批机关组织。此种听证会的结果以听证记录的形式存在，具有一定的法律效力。

为了进一步提升环境评估的有效性，必须扩大公民参与的主体范围，进一步丰富公民参与评估的形式，提高公民参与的组织化水平。积极推动包括非政府组织在

---

① The World Bank, *Public Involvement in Environmental Assessment: Requirements, Opportunities and Issues*, The World Bank, 1993.

内的社会团体参与环评,并善待公众临时组织或公益组织的代表,进行平等与充分的沟通和协商。环保部门或者决策部门可以通过多种渠道听取公众意见,如民意调查、公众听证会、座谈会和论证会等形式。环保部及各级环保部门可以定期召开环境事务审议会,环保非政府组织和公众通过推举选出的代表都可以参与其中。此外,随着信息化的发展,公民参与工作还可以通过网络直接参与政府的在线民意调查、在线咨询、在线沟通、在线提议等,在这些政府网络平台上发表自己的意见,参与环境政策问题的确定。

### (三) 末端参与

第一,完善公众的意见反馈机制。进行全过程的公民参与,尤其要重视环保竣工验收阶段的公民参与。环境项目的竣工需要公民参与进行评估和验收,只有在公民参与的基础上,才能保证项目的顺利实施。竣工阶段的公民参与主要包括对环境项目的监督检查,检验其是否符合国家的相关标准,是否安全可靠。进一步完善利益相关者的反馈机制,构建完善的环境影响评价司法救济机制,发挥环境影响评价制度在环境决策中的重要作用。

第二,完善环境保护信访处理、信息沟通机制。环境信访是收集环境污染信息、反映环境矛盾、解决环境纠纷的重要渠道和途径,因此,应该结合信息科技不断发展的趋势,充分利用互联网和手机短信等先进技术平台,以通畅环境信访、信息渠道为主线,以解决实际环境污染问题为核心,依法有效规范各类环境信访工作行为和群众的环境信访行为,并逐步建设快捷的信息横向沟通和上下互通机制,争取对有关环境污染矛盾的苗头性问题早发现、早处理,把问题解决在萌芽状态。

第三,确立环境公益诉讼制度。环境诉讼是一种利益受损方采取的救济措施。由于环境侵害的特殊性,在环境法中建立公益诉讼制度尤其重要。环境公益诉讼是指对造成环境损害的主体,公众有权提起诉讼,要求责任人采取停止侵害、补救、赔偿损失等措施。

# 研 究 综 述

# 我国邻避类议题研究综述

## ——基于CNKI数据库的分析*

王 锋**

**摘 要**：自厦门PX事件之后，我国各地的邻避冲突事件不断涌现，引起社会各界的广泛关注和讨论，同样也引起了学界研究者们的浓厚兴趣和深入思考。全面了解我国学界对邻避类议题研究的现状，有助于揭示已有研究的特征和不足，促进该类议题研究的进一步发展。本文利用中国知网CNKI数据库的统计数据和收录文献，对我国邻避类议题已有的研究文献概况进行了较为全面的分析，同时对已有研究内容进行简要述评，指出已有研究的主要关注点及其不足之处，展望我国邻避类议题研究的趋势与方向。

**关键词**：邻避；邻避研究；文献综述；CNKI

自第二次世界大战之后，特别是从20世纪五六十年代开始，西方国家以环境保护为主题的社会抗争运动愈演愈烈，其中邻避（Not in My Back Yard，NIMBY）运动是这些抗争运动的重要组成部分。与之对应的是，西方有关邻避运动或邻避冲突的学术研究也日益增多。有关邻避类议题的研究在城市规划、环境科学、政治学、社会学、公共管理学等学科领域均有涉及。相比西方国家，国内对于邻避情结和邻避冲突等邻避类议题的研究起步较晚，并且早期对邻避现象进行专门研究的主要是我国台湾地区学者。其中以丘昌泰、李永展、曾明逊和陈锡镇为代表的一批学

---

\* 本文系国家社科基金一般项目"基于风险感知的城市'邻避危机'治理研究"（项目编号：15BGL212）、"浙江省第三期之江青年社会科学者行动计划""湖州师范学院中青年学术带头人攀登项目"阶段性成果。

\*\* 王锋，管理学博士，湖州师范学院社会发展与管理学院行政管理系主任，教授、硕士生导师，浙江省之江青年社科学者，复旦大学大都市治理研究中心特聘研究员，主要研究领域：应急管理与风险治理、公共政策与地方治理、行政伦理等。

者从 20 世纪 90 年代初开始对邻避情结和邻避冲突现象进行研究。[①] 而大陆地区学者自 2003 年才开始关注邻避问题，即从 2003 年郭巍青教授发表的《政治文明标尺下的公共决策制度》一文开始算起，只有十多年的研究历史。但我国大陆地区学界在最近十年中涌现出大量的邻避类议题研究文献，这从一个侧面反映了学界对该类议题的重视、关注和兴趣，另一侧面也迎合了我国当前公共管理实践的需要。自 2007 年厦门 PX 事件之后，我国各地的邻避冲突事件不断涌现，既考验当地政府的执政智慧，也引起社会各界特别是学界研究者们的广泛关注和讨论。本文试图运用中国知网 CNKI 数据库中的文献数据，梳理分析我国有关邻避类议题研究的现状和特点，在此基础上评述已有研究的不足，并对此类议题研究趋势作初步展望和预测。

## 一、邻避类议题研究文献的总体概况

在中国知网 CNKI 数据库中以"邻避"为主题词进行检索[②]，检索结果显示从 2003 年至 2018 年 12 月 7 日共有相关文献 1520 篇。如此众多文献的出现，反映出邻避类议题在国内学术界中被持续讨论和研究的热度和广度。由于文献数量较多，人工统计梳理非常困难，因此，本文主要依据中国知网 CNKI 数据库中自带的统计指标和统计数据，以呈现邻避类议题研究的总体概况。这些自带指标及其统计数据主要有：文献的资源分布、文献的学科分布、主要关键词、文献来源、学术关注度、媒体关注度、学术传播度、用户关注度、机构分布和研究进展。下面从这十个指标维度来全面展示国内邻避类议题研究文献的总体概貌。

**1. 文献的资源分布**

从已有文献的资源分布上看，学者发表在期刊上的文献最多，在总计 1520 篇文献中，学术期刊共有 973 篇，占总文献数的 64.0%；其次是硕博士论文，共有 308 篇，占总文献数的 20.3%；再次是报纸类文章，共有 147 篇，占总文献数的

---

① 丘昌泰：《建构利害关系人取向的环境风险政策》，时英出版社 1996 年版；李永展：《邻避症候群之解析》，载《都市与计划》1997 年第 1 期；曾明逊：《浅论邻避设施的风险知觉》，载《人与地》1994 年第 6 期；曾明逊：《邻避设施管理策略（1）—（4）》，载《现代地政》1995 年第 9、10、11、12 期；陈锡镇：《解决"邻避设施"设置管理问题之新议："创意思考"之实例与应用》（上、下），载《人与地》1996 年第 8 期、1998 年第 9 期。

② 本次检索时间为 2018 年 12 月 7 日，检索范围涵盖了数据库中的期刊、硕博士论文、国内国际会议、报纸和学术辑刊等七个子数据库。

9.7%;紧接着是国内国际会议,共有 51 篇,占总文献数的 3.4%;最后是学术辑刊论文,共有 41 篇,仅占总文献数的 2.7%(见图 1)。当前学者研究成果发布的主要途径还是期刊论文,因此,邻避类文献在期刊资源中所占比重最大也就不难理解了。而随着我国研究生招生规模的扩大,加之邻避问题是我国近年来的热点问题,选择邻避类议题作为硕博士论文选题的学生也越来越多,可以预见的是,今后邻避类文献在硕博士论文资源中的数量和比重还将进一步增加。

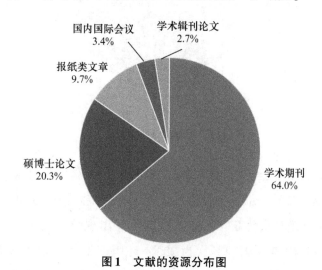

**图 1 文献的资源分布图**

**2. 文献的学科分布**

学科分布指标是指检索词在不同学科中的分布情况。从学科分布上看,国内邻避类议题研究已呈现多学科甚至是跨学科研究的特点。文献分布的学科种类较多,其中主要集中在公共管理、环境、公共安全、政治、城市经济、城市规划与市政等学科方向。具体而言,总的 1141 篇有效文献中(总文献 1520 篇去除无法学科归类的 147 篇报刊以及其他文献 232 篇),共有 350 篇为公共管理学科,占总数的 31%;166 篇为环境学科,占总数的 15%;129 篇为公共安全学科,占总数的 11%;119 篇为政治学科,占总数的 10%;72 篇为城市经济学科,占总数的 6%;67 篇为城市规划与市政学科,占总数的 6%;61 篇为法学学科;53 篇为社会学学科;53 篇为新闻传播学科;35 篇为工业经济学科;26 篇为国民经济学科;10 篇为工商管理学科(见图 2)。

**3. 主要关键词**

主要关键词往往反映文献的研究重点和研究视角。中国知网 CNKI 数据库的统计数据表明,在以邻避为主题的 1520 篇研究文献中,主要关键词排在前 15 位的有:邻避冲突(出现频次为 289);邻避设施补偿(出现频次为 270);邻避效应

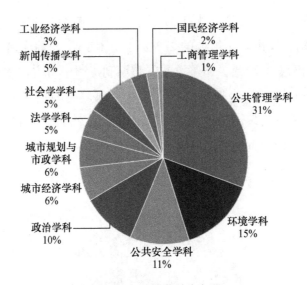

图 2　文献的学科分布图

（出现频次为 130）；邻避运动（出现频次为 114）；公众参与（出现频次为 103）；邻避（出现频次为 101）；治理（出现频次为 55）；环境群体性事件（出现频次为 37）；公民参与（出现频次为 37）；群体性事件（出现频次为 36）；影响因素（出现频次为 30）；风险沟通（出现频次为 28）；环境正义（出现频次为 24）；邻避项目（出现频次为 23）；邻避现象（出现频次为 21）（见图 3）。由此可见，国内邻避类议题研究的重点在邻避冲突或邻避效应（运动）出现的原因及其治理，其研究的视角则侧重于邻避设施补偿、公众参与、影响因素分析、风险沟通、环境正义等多种维度。

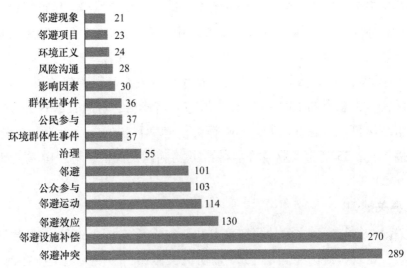

图 3　邻避主题的主要关键词图示

**4. 文献来源**

在邻避类议题研究文献中，中国知网 CNKI 数据库在文献来源指标方面的统计数据表明，文献来源主要集中在《中国环境报》《中国行政管理》《世界环境》《环境保护》《领导科学》等报纸杂志，以及南京大学、华东政法大学、电子科技大学、苏州大学及华东师范大学等高校的硕博士论文。具体来说，排名前 15 位的文献来源是：《中国环境报》（36 篇）；《中国行政管理》（27 篇）；南京大学（13 篇）；《世界环境》（13 篇）；华东政法大学（13 篇）；电子科技大学（13 篇）；苏州大学（12 篇）；华东师范大学（10 篇）；《环境保护》（10 篇）；《领导科学》（10 篇）；西南政法大学（9 篇）；《中国石化》（9 篇）；重庆大学（9 篇）。由于邻避冲突等邻避类议题往往和环境保护领域紧密关联，因此，诸如《中国环境报》《世界环境》和《环境保护》等报纸杂志对邻避议题的关注度较高，也更愿意接受该类研究论文或评论文章；而《中国行政管理》《领导科学》等公共管理类专业期刊近十年来则持续关注邻避类议题的研究，刊发了许多邻避议题方面的高质量学术论文。此外，南京大学、华东政法大学是国内研究社会风险治理领域的学术重镇，两校在邻避类主题的硕博士论文数量上贡献最多，也就不难理解了。

**5. 学术关注度**

学术关注度指标主要测量某主题被学界关注的程度。它具体是指篇名包含某关键词的文献发文量的趋势统计。中国知网 CNKI 数据库中"学术关注度"指标的统计数据表明，从 2003 年至 2017 年，邻避中文文献数量共计 807 篇，其中 2003 年为 1 篇，2005 年为 1 篇，2006 年为 1 篇，2007 年为 2 篇，2009 年为 5 篇，2010 年为 10 篇，2011 年为 13 篇，2012 年为 26 篇，2013 年为 88 篇，2014 年为 136 篇，2015 年为 155 篇，2016 年 166 篇，2017 年为 203 篇。由此可见，自 2010 年开始，邻避类相关文献量开始急剧增加，到 2017 年就已经突破 200 篇，文献数量是 2010 年的 20 倍（见图 4）。

**6. 媒体关注度**

媒体关注度指标主要是指某主题受媒体关注的程度，也就是新闻报刊媒体发表某主题文章的数量指标。准确地讲，它是指篇名包含某关键词的报纸文献发文量的趋势统计。中国知网 CNKI 数据库中"媒体关注度"指标的统计数据表明，从 2008 年至 2017 年，在报刊媒体上发表邻避主题的文章共计 228 篇，其中 2008 年为 1 篇，2009 年为 2 篇，2010 年为 1 篇，2011 年为 4 篇，2012 年为 11 篇，2013 年为 28 篇，2014 年为 50 篇，2015 年为 27 篇，2016 年为 60 篇，2017 年为 44 篇（见图 5）。

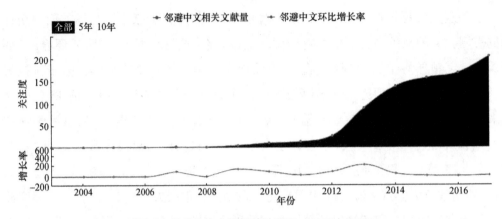

图 4　学术关注度指标统计图示（2003—2017）

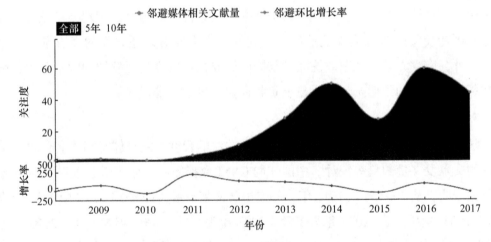

图 5　媒体关注度指标统计图示（2008—2017）

### 7. 学术传播度

学术传播度主要是指某主题文献被引用的程度，即篇名包含某关键词的文献被引量的趋势统计。中国知网 CNKI 数据库中"学术传播度"指标的统计数据显示，从 2005 年到 2017 年，邻避文献被引量逐年上升，特别是从 2012 年开始急剧增加。具体来说，2005 年的邻避文献被引量为 1 次，2006 年为 2 次，2007 年为 3 次，2008 年为 1 次，2009 年为 3 次，2010 年为 9 次，2011 年为 13 次，2012 年为 29 次，2013 年为 90 次，2014 年为 128 次，2015 年为 177 次，2016 年为 191 次，2017 年为 290 次（见图 6）。

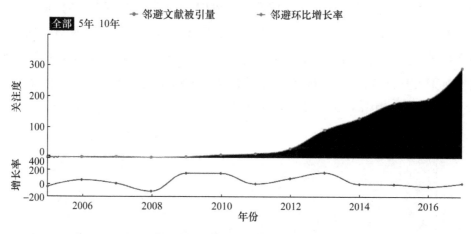

图 6　学术传播度指标统计图示（2005—2017）

### 8. 用户关注度

用户关注度主要测量某主题文献被下载、被阅读和被关注的状况，即篇名包含某关键词的文献下载量的趋势统计。中国知网 CNKI 数据库中"用户关注度"指标的统计数据显示，从 2005 年至 2011 年，邻避主题文献的用户下载量共为 2458 次，其中 2005 年的邻避用户下载量为 18 次，2006 年为 90 次，2007 年为 184 次，2008 年为 143 次，2009 年为 231 次，2010 年为 565 次，2011 年为 1227 次。以上统计数据表明，邻避文献用户下载量自 2006 年起迅速增加，2007 年的下载量是 2006 年的 2 倍，2008 年有所回落，但 2009 年之后则又呈现倍数增长。

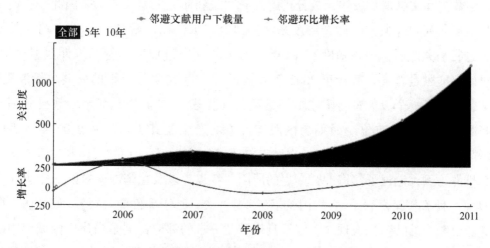

图 7　用户关注度指标统计图示（2005—2011）

### 9. 机构分布

机构分布指标是指某检索词在机构中的分布情况，因此该指标反映的是发表某主题文献的第一单位（机构）分布状况及该机构发表相关文献的具体数量状况。中国知网 CNKI 数据库中"机构分布"指标的统计数据显示，发表邻避类主题的相关文献数量最多的单位是南京大学，达 30 篇；第二是山东大学，有 27 篇；第三是北京航空航天大学，有 22 篇。排在第四至十位的分别是同济大学、复旦大学、重庆大学、浙江大学、中国矿业大学、中山大学和上海交通大学（见图 8）。

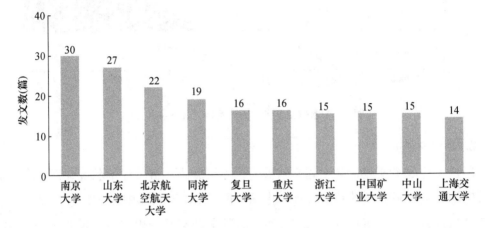

**图 8　机构分布指标统计图示**

### 10. 研究进展

研究进展指标主要从最早研究、最新研究和经典文献三个角度展示某主题（关键词）的研究成果。由于最新研究主要统计被中国知网 CNKI 数据库收录的最新文献，但数据库文献增加较快，故分析此处的"最新研究"意义不大，因此，我们主要从最早研究和经典文献两个维度来考察研究进展。以"邻避"作为主题（关键词）进行检索之后，中国知网 CNKI 数据库中"研究进展"指标的统计数据显示，最早研究文献是郭巍青教授于 2003 年发表的《政治文明标尺下的公共决策制度》一文，该文有一个段落专门阐述了邻避现象（见表 1）。其次是何艳玲教授分别于 2005 年发表的《后单位制时期街区集体抗争的产生及其逻辑》和 2006 年发表的《"邻避冲突"及其解决：基于一次城市集体抗争的分析》，何教授以某垃圾压缩站冲突事件为例，论述了邻避冲突产生的原因、特点，以及化解冲突的原则性建议。[①] 2009 年，何教授又发表了《"中国式"邻避冲突：基于事件的分析》，该文认为中国式邻避冲突的特殊性表现在，涉及具体利益诉求的邻避冲突是当代中国城市中的常态，故其寄希望于建构一种基于"制度缓解"的邻避冲突化解机制。[②] 何教授的

---

① 何艳玲：《"邻避冲突"及其解决：基于一次城市集体抗争的分析》，载《公共管理研究》2006 年第 0 期。
② 何艳玲：《"中国式"邻避冲突：基于事件的分析》，载《开放时代》2009 年第 12 期。

三篇论文在学界影响很大,其中两篇已成为经典文献,即高被引文献。截至 2018 年 12 月 7 日,经典文献除了何教授的两篇论文(其被引量分别是 316 次和 238 次,位列第二和第三)外,排在第一位的是陶鹏和童星合作的《邻避型群体性事件及其治理》一文,该文考察了邻避型群体性事件的治理战略与核心机制问题,被引量已达到 358 次。作者提出了一个"预期损失—不确定性"分析框架,并结合我国该类群体性事件现状,得出邻避型群体性事件的四种亚类型,然后根据从"风险"到"危机"的逻辑顺序,提出具有综合性、主动性、全程性的邻避型群体性事件治理战略框架,并建构了不同治理阶段的核心配套机制(见表 2)。①

表 1 最早研究文献(排名前十)一览表

| 题名 | 作者 | 来源 | 年/期 | 下载 | 被引 |
| --- | --- | --- | --- | --- | --- |
| 政治文明标尺下的公共决策制度 | 郭巍青 | 中山大学学报(社会科学版) | 2003/03 | 505 | 9 |
| 后单位制时期街区集体抗争的产生及其逻辑——对一次街区集体抗争事件的实证分析 | 何艳玲 | 公共管理学报 | 2005/03 | 2111 | 81 |
| "邻避冲突"及其解决:基于一次城市集体抗争的分析 | 何艳玲 | 公共管理研究 | 2006/00 | 4130 | 238 |
| 从公共政策角度探析邻避效应 | 乔艳洁、曹婷、唐华 | 郑州航空工业管理学院学报(社会科学版) | 2007/01 | 1902 | 112 |
| 垃圾处理产业中的邻避现象探析 | 金通 | 当代财经 | 2007/05 | 1364 | 87 |
| 垃圾管理系统可持续性研究 | 熊孟清、隋军、徐建韵、范寿礼、杨昌海 | 环境卫生工程 | 2009/S1 | 157 | 3 |
| 城市邻避性公共设施建设的困境与对策探讨 | 李晓晖 | 规划师 | 2009/12 | 1265 | 91 |
| "中国式"邻避冲突:基于事件的分析 | 何艳玲 | 开放时代 | 2009/12 | 7071 | 316 |
| 构建垃圾排放权交易体系推动垃圾处理跨域合作 | 熊孟清 | 城市管理与科技 | 2009/06 | 135 | 2 |
| 邻避现象与解决方法探析 | 陈澄 | 淮海工学院学报(社会科学版) | 2009/S1 | 858 | 47 |

---

① 陶鹏、童星:《邻避型群体性事件及其治理》,载《南京社会科学》2010 年第 8 期。

表 2 高被引文献（排名前十）一览表

| 题名 | 作者 | 来源 | 年/期 | 下载 | 被引 |
|---|---|---|---|---|---|
| 邻避型群体性事件及其治理 | 陶鹏、童星 | 南京社会科学 | 2010/08 | 5147 | 358 |
| "中国式"邻避冲突：基于事件的分析 | 何艳玲 | 开放时代 | 2009/12 | 7071 | 316 |
| "邻避冲突"及其解决：基于一次城市集体抗争的分析 | 何艳玲 | 公共管理研究 | 2006/00 | 4130 | 238 |
| 邻避效应：公益性项目的补偿机制与公民参与 | 汤汇浩 | 中国行政管理 | 2011/07 | 4135 | 195 |
| 邻避冲突的属性分析与治理之道——基于邻避研究综述的分析 | 王佃利、徐晴晴 | 中国行政管理 | 2012/12 | 5692 | 150 |
| 邻避型群体性事件产生的原因及预防对策 | 管在高 | 管理学刊 | 2010/06 | 1840 | 135 |
| 公共政策过程中的邻避冲突及其治理 | 陈宝胜 | 学海 | 2012/05 | 2936 | 120 |
| 邻避设施与邻避运动 | 黄岩、文锦 | 城市问题 | 2010/12 | 2928 | 117 |
| "邻避运动"在澳门的兴起及其治理——以美沙酮服务站选址争议为个案 | 娄胜华、姜姗姗 | 中国行政管理 | 2012/04 | 2632 | 115 |
| 从公共政策角度探析邻避效应 | 乔艳洁、曹婷、唐华 | 郑州航空工业管理学院学报（社会科学版） | 2007/01 | 1902 | 112 |

## 二、邻避类议题研究文献的内容述评

下面在对中国知网 CNKI 数据库中期刊库和学术辑刊库中以"邻避"为主题的文献（检索结果为 1010 篇，检索时间为 2018 年 12 月 7 日）进行梳理、概括和分析的基础上，主要从研究视角维度对邻避类已有研究进行回顾与述评。从研究视角维度梳理，检索到的 1010 篇邻避类文献中存在十种以上研究视角。其原因一方面可能与邻避现象或邻避冲突本身的复杂性有关，单一视角仅能反映或揭示该复杂体的某一面相，另一方面也与研究者为求研究新意而不断尝试新研究视角的努力有关，即人们对邻避类主题的研究不再满足原有的理论视角，而是不断寻求新的理论视角来剖析邻避现象和邻避冲突成因，并提出应对之策。下面较为详细地介绍其中七种被研究者广泛采用的视角，其他视角则略过。

**1. 风险感知视角**

该视角主要从社会心理学角度对邻避问题进行探讨，强调邻避冲突的重要原因在于公众感知的风险较高，且与专家对风险的理解存在较大差异。风险感知是导致公众与邻避项目方（或邻避设施）之间存在紧张关系的重要影响因素。该视角下的邻避研究文献近年来不断增多，比较有代表性的研究有：王锋等分别用北京六里屯垃圾填埋厂和宁波PX项目案例实证分析了风险感知、焦虑情绪和邻避冲突之间的内在关联；① 胡象明、王锋从风险感知入手构建了一个全新的社会稳定风险分析框架，用来解释邻避冲突发生的内在逻辑，并通过实证研究予以检验；② 刘智勇等认为公众对于邻避风险的认知受其知识、邻避风险特性、谣言等多种因素影响，公众风险认知与实际风险存在偏差是引致邻避冲突的重要原因；③ 谭爽以焦虑心理为核心，分析了邻避项目的社会稳定风险从滋生、蔓延到扩散的生成机理；④ 谭爽、胡象明还以核电站为例，从公众风险认知角度探讨其对邻避型社会稳定风险的预测作用，提出调控与建立积极风险认知的策略；⑤ 李小敏、胡象明从风险认知和信任关系视角，分析了邻避现象产生的原因；⑥ 朱正威、石佳运用社会网络分析方法对四川什邡钼铜事件进行了深入的分析，认为重大工程项目的客观风险与民众的主观风险感知存在巨大的差异；⑦ 吕书鹏、王琼从"风险—利益"感知视角分析地方政府邻避项目决策困境与出路；⑧ 刘冰则研究了风险感知、信任和选址程序如何影响公众邻避态度，认为风险感知和信任直接负向和正向影响邻避态度，而程序公正则通过前面两者间接影响邻避态度；⑨ 杨志军、梁陞也从风险感知偏差视角解释城市邻

---

① 王锋、胡象明、刘鹏：《焦虑情绪、风险认知与邻避冲突的实证研究——以北京垃圾填埋场为例》，载《北京理工大学学报（社会科学版）》2014年第6期；王锋：《城市PX项目设施的风险感知与邻避冲突——基于216个宁波青年样本的分析》，载《中国社会公共安全研究报告》2017年第10辑。

② 胡象明、王锋：《一个新的社会稳定风险评估分析框架——风险感知的视角》，载《中国行政管理》2014年第4期。

③ 刘智勇、陈立、郭彦宏：《重构公众风险认知：邻避冲突治理的一种途径》，载《领导科学》2016年第32期。

④ 谭爽：《邻避项目社会稳定风险的生成及防范——基于焦虑心理的视角》，载《北京航空航天大学学报（社会科学版）》2013年第3期。

⑤ 谭爽、胡象明：《邻避型社会稳定风险中风险认知的预测作用及其调控——以核电站为例》，载《武汉大学学报（哲学社会科学版）》2013年第5期。

⑥ 李小敏、胡象明：《邻避现象原因新析：风险认知与公众信任的视角》，载《中国行政管理》2015年第3期。

⑦ 朱正威、石佳：《重大工程项目中风险感知差异形成机理研究——基于SNA的个案分析》，载《中国行政管理》2013年第11期。

⑧ 吕书鹏、王琼：《地方政府邻避项目决策困境与出路——基于"风险—利益"感知的视角》，载《中国行政管理》2017年第4期。

⑨ 刘冰：《风险、信任与程序公正：邻避态度的影响因素及路径分析》，载《西南民族大学学报（人文社科版）》2016年第9期。

避抗争现象。①

但近年来有部分学者已不再局限于研究风险感知与邻避态度之间的关系，而是在默认两者有紧密关系的基础上，进一步探讨影响风险感知的具体因素及这些因素之间的内在关联。例如，毛庆铎、马奔运用社会判断理论解释了邻避风险认知偏差产生的原因，并提出通过风险沟通化解风险认知偏差的对策；② 朱苇苇等从风险信息维度探究了影响公众核电站风险感知的因素，以及利益感知与风险感知之间的关系；③ 杨雪锋等提出邻避感知风险放大—消解演化逻辑，分析感知风险主观构建的影响因素及影响程度。④

**2. 正义的视角**

该视角主要从哲学、伦理学学科角度对邻避问题进行探讨，强调邻避冲突本质上是空间正义或环境正义领域的问题，所以需要从正义的视角对邻避现象进行规范性研究。该视角比较有代表性的文献有：王佃利等从空间生产、空间正义和分配正义等视角剖析了邻避设施项目引致的社会冲突问题，认为应在空间正义的原则下重新审视邻避行动，促进利益相关者参与空间生产决策，并从"应得"的分配正义和空间正义维度提出化解邻避风险的应对之策；⑤ 刘晶晶同样用空间正义视角剖析邻避选址的困境，认为该困境是空间分配正义及过程正义失衡的结果；⑥ 王彩波、张磊从环境正义视角分析了邻避冲突困境，认为邻避设施的后果承担者及其所带来的社会福利享受者之间的不对等性是对其正义性的最大挑战；⑦ 朱清海、宋涛也从环境正义视角分析邻避冲突的原因，即邻避设施选址过程中存在环境权保护不力、环

---

① 杨志军、梁陛：《风险感知偏差视角下城市邻避抗争的运行机理与治理之道》，载《河南师范大学学报（哲学社会科学版）》2018年第4期。

② 毛庆铎、马奔：《邻避风险认知偏差与沟通：社会判断理论的视角》，载《北京行政学院学报》2017年第5期。

③ 朱苇苇、唐莉、魏玖长、马奔、严静：《公众的邻避设施风险感知及影响因素研究——以核电站为例》，载《风险灾害危机研究》2017年第2期。

④ 杨雪锋、何兴斓、徐周芳：《环境邻避效应感知风险的建构逻辑与影响因素》，载《甘肃行政学院学报》2018年第2期。

⑤ 王佃利、邢玉立：《空间正义与邻避冲突的化解——基于空间生产理论的视角》，载《理论探讨》2006年第5期；王佃利、王庆歌、韩婷：《"应得"正义观：分配正义视角下邻避风险的化解思路》，载《山东社会科学》2017年第3期；王佃利、王玉龙：《"空间生产"视角下邻避现象的包容性治理》，载《行政论坛》2018年第4期。

⑥ 刘晶晶：《空间正义视角下的邻避设施选址困境与出路》，载《领导科学》2013年第2期。

⑦ 王彩波、张磊：《试析邻避冲突对政府的挑战——以环境正义为视角的分析》，载《社会科学战线》2012年第8期。

境信息不公开、公民参与缺失等因素导致环境风险分配不均;[1] 华启和[2]、董军等[3]、刘海龙[4]认为邻避冲突的实质就是环境正义的缺失,是居民对邻避设施可能带来的环境非正义的抗争,也是对环境权益与负担不公正分配的抗争,因此,邻避治理必须采取环境正义取向;周亚越等[5]和俞海山[6]则主张用宽泛的正义观或正义性维度来审视邻避冲突困境,政府与公众两个主体的正义观差异导致冲突对立,必须从程序和实体两个层面来实现正义;邱鸿峰以福建省东山县PX项目为案例的实证研究发现,程序正义意识对公众是否接受风险、支持邻避均有显著预测效应。[7]

### 3. 公民参与的视角

该视角强调公民参与的缺少是引致邻避冲突的重要原因,因此,扩大公民参与、采用参与式治理是解决邻避问题的关键所在。该视角的代表性研究有:郑卫以北京六里屯垃圾焚烧发电厂规划的公众参与为例,指出邻避设施规划公众参与困境的主要原因有技术理性的规划传统、集权制的规划决策模式、规划实施机制的过度行政化、规划涉及利益的复杂性和公众参与主体能力建设的不足;[8] 汤汇浩结合上海市垃圾处置相关实践分析了邻避效应的经济性补偿和社会心理性补偿的关系,提出审慎运用公民参与来实现公益性项目外部效应的内部化,因为在中国国情条件下,公民参与的制度选择倾向采取法团主义的模式;[9] 汤志伟等以茂名市PX项目邻避事件为例,从公民参与视角分析该冲突产生的原因并提出相应的政策建议;[10] 魏娜、韩芳认为邻避冲突中新公民参与缺失激化了对抗和非理性的集体行动,故需

---

[1] 朱清海、宋涛:《环境正义视角下的邻避冲突与治理机制》,载《湖北省社会主义学院学报》2013年第4期。

[2] 华启和:《邻避冲突的环境正义考量》,载《中州学刊》2014年第10期。

[3] 董军、甄桂:《技术风险视角下的邻避抗争及其环境正义诉求》,载《自然辩证法研究》2015年第5期。

[4] 刘海龙:《邻避冲突的生成与化解:环境正义的视角》,载《吉首大学学报(社会科学版)》2018年第2期。

[5] 周亚越、李淑琪、张芝雨:《正义视角下邻避冲突主体的对话研究——基于厦门、什邡、余杭邻避冲突中的网络信息分析》,载《浙江社会科学》2018年第7期。

[6] 俞海山:《邻避冲突的正义性分析》,载《江汉论坛》2015年第5期。

[7] 邱鸿峰:《技术安全框架还是环境正义框架?——从东山PX事件看政府风险传播的困局与破解》,载《中国地质大学学报(社会科学版)》2016年第1期。

[8] 郑卫:《我国邻避设施规划公众参与困境研究——以北京六里屯垃圾焚烧发电厂规划为例》,载《城市规划》2013年第8期。

[9] 汤汇浩:《邻避效应:公益性项目的补偿机制与公民参与》,载《中国行政管理》2011年第7期。

[10] 汤志伟、邹叶荟:《基于公民参与视角下邻避冲突的应对研究——以广东省茂名市PX项目事件为例》,载《电子科技大学学报(社科版)》2015年第2期。

要构建邻避问题的新公民参与机制;① 刘小魏、姚德超主张邻避情绪的显性化是中国新公民参与运动的体现,反映出公民参与的不完善,也凸显优化地方政府公共决策机制和程序的必要;② 李敏同样强调邻避危机中的公民参与是推动政府社会管理创新的积极力量,因此提出须引领公民参与文化、培育社会组织、参与公共政策制定等建议。③

另有一些学者从参与式治理维度和公民性等角度来理解公民参与视角,如娄胜华、姜姗姗通过对美沙酮服务站邻避冲突个案的梳理,深入分析了居民抵制服务站选址的两大归因要素,即风险认知和决策模式,并强调了参与式治理在化解邻避冲突风险中的重要作用;④ 吴一鸣认为化解邻避困境必须构建参与式治理体系,培育公众参与式文化;⑤ 谭爽、胡象明发现"公民性"的"认知要素"是邻避冲突形成的基础,"技能要素"是冲突理性化发展的支撑,"道德要素"是冲突化解的关键,因此,化解邻避危机需要公民在主张自我权利的同时善于使用公民技能,履行公共责任,遵循公共道德。⑥

**4. 协商治理视角**

该视角强调多元主体的协商与对话,在此基础上形成共识与合作。因此,协商民主或协商治理被很多学者用来分析邻避困境和邻避冲突解决。此研究视角的代表性文献有:张紧跟以杭州九峰垃圾焚烧发电项目为例,分析了协商治理在破解邻避困境中的重要作用,而有效的风险沟通、合理的利益补偿与成功的协作治理又是实现邻避项目协商治理的基本要素;⑦ 黄岩、文锦认为公众基于环境利益进行的抗争将会持续出现,解决邻避冲突可以从建立一种协商性的公共事务审议机制、一个合

---

① 魏娜、韩芳:《邻避冲突中的新公民参与:基于框架建构的过程》,载《浙江大学学报(人文社会科学版)》2015年第4期。
② 刘小魏、姚德超:《新公民参与运动背景下地方政府公共决策的困境与挑战——兼论"邻避"情绪及其治理》,载《武汉大学学报(哲学社会科学版)》2014年第2期。
③ 李敏:《城市化进程中邻避危机的公民参与》,载《东南学术》2013年第2期。
④ 娄胜华、姜姗姗:《"邻避运动"在澳门的兴起及其治理——以美沙酮服务站选址争议为个案》,载《中国行政管理》2012年第4期。
⑤ 吴一鸣:《参与式治理应对邻避冲突问题探究》,载《中国行政管理》2017年第11期。
⑥ 谭爽、胡象明:《公民性视域下我国邻避冲突的生成机理探析——基于10起典型案例的考察》,载《武汉大学学报(哲学社会科学版)》2015年第5期;谭爽、胡象明:《我国邻避冲突的生成与化解——基于"公民性"视角的考察》,载《吉首大学学报(社会科学版)》2015年第3期。
⑦ 张紧跟:《邻避冲突何以协商治理:以杭州九峰垃圾焚烧发电项目为例》,载《行政论坛》2018年第4期。

理而有效的邻避受害者补偿机制以及缩减冲突的范围等方面着手;① 李巍主张协商民主是邻避冲突治理的有效方法,由单维管制治理模式迈向多元协商共治模式,是缓解邻避矛盾和冲突的可行路径;② 王庆认为广州番禺垃圾焚烧邻避冲突最终得以成功处理,是地方政府实现邻避冲突协商治理的结果;③ 刘超通过对湖南湘潭九华垃圾焚烧厂事件的分析后建议,应从提高公民科学素养、强化协商意识和协商能力、完善协商制度、重视非政府组织作用发挥等方面进一步优化邻避冲突协商治理。④

此外,马奔等也认为协商式民意调查把公民纳入决策过程,为公民提供充分的信息、审慎思考的机会和制度化的平台,是邻避设施选址决策中一种有效的公民参与协商方式;⑤ 刘仁春等同样主张让公众真正涉入攸关自身利益的邻避决策中去,通过多元主体充分讨论、协商、对话来保证邻避决策"公共性"得以实现;⑥ 王佃利等则将协商民主的一种方式——共识会议作为一种科技风险的民主治理模式,强调公众与专家平等、充分地理解和对话,因而有助于破解邻避困境;⑦ 吴翠丽提出建立协商性的公共事务审议机制、促进公众参与、形成多元合作的协同治理格局是有效治理邻避冲突的必要路径;⑧ 林志标基于协商民主视角,探讨了邻避项目决策舆论支持系统的建构与优化问题。⑨

**5. 利益及利益相关者视角**

该视角主张从利益维度剖析邻避冲突的原因,强调邻避冲突的根源是利益之争,唯有兼顾所有利益相关者的利益和权利,才能走出邻避的困局。例如,李晓晖

---

① 黄岩、文锦:《邻避设施与邻避运动》,载《城市问题》2010年第12期。
② 李巍:《单维管制抑或协商共治:邻避冲突治理的路径选择》,载《领导科学》2017年第26期。
③ 王庆:《协商治理:地方政府邻避冲突治理创新的策略选择——以广州番禺垃圾焚烧发电项目为例》,载《福建行政学院学报》2017年第5期。
④ 刘超:《城市邻避冲突的协商治理——基于湖南湘潭九华垃圾焚烧厂事件的实证研究》,载《吉首大学学报(社会科学版)》2016年第5期。
⑤ 马奔、李婷:《协商式民意调查:邻避设施选址决策中的公民参与协商方式》,载《新视野》2015年第4期;马奔:《邻避设施选址规划中的协商式治理与决策——从天津港危险品仓库爆炸事故谈起》,载《南京社会科学》2015年第12期。
⑥ 刘仁春、林延斌、王莹:《协商民主视阈下公共决策"公共性"的实现——基于转型期我国邻避冲突的考察》,载《广西师范大学学报(哲学社会科学版)》2014年第5期。
⑦ 王佃利、王庆歌:《风险社会邻避困境的化解:以共识会议实现公民有效参与》,载《理论探讨》2015年第5期。
⑧ 吴翠丽:《邻避风险的治理困境与协商化解》,载《城市问题》2014年第2期。
⑨ 林志标:《邻避项目决策舆论支持系统建构与优化——基于协商民主的视角》,载《中共宁波市委党校学报》2013年第6期。

将邻避冲突归因于邻避设施负外部性所引致的收益—成本分配不对称结构,设施周边居民承担了过度的设施运行成本,故冲突本质上是一种利益冲突。为此,邻避设施的选址和建设需要更多的公众参与,并努力减少转嫁于周边居民的外部成本。① 金通也将邻避冲突归因于利益之争。他考察了垃圾处理产业中的邻避现象,认为化解邻避冲突的重要路径是,努力消除垃圾场周边居民和全社会在边际收益、边际成本上的差异。② 乔艳洁、曹婷和唐华也将邻避冲突现象归因于利益结构的失衡,强调化解邻避冲突的关键是回归公共性、增强公民参与性以及提高政策合法性。③ 孟薇、孔繁斌从政策利益分布理论视角分析邻避现象,认为邻避冲突的治理路径应以解决政策利益结构失衡为目标,通过公民参与的制度性政策工具、环保回馈的激励性政策工具以及强化责任的内部监管工具的创制与运用来进行利益矫正与利益补偿。④

另外,卢文刚、黎舒菡通过分析广州市花都区垃圾焚烧事件中各利益相关方的利益诉求及其矛盾,发现助推事件发展的正是政府与公众、公众与专家、政府与媒体之间的利益冲突。⑤ 张娟、娄文龙从利益相关者视角构建了PPP模式邻避风险的利益相关者分析矩阵,进而通过剖析各利益主体的行动逻辑,提出了PPP模式邻避风险的治理措施。⑥ 张向和、彭绪亚考察了垃圾处理场多方利益主体之间的选址与定价博弈关系。他们运用相关模型和博弈论探讨了垃圾处理场的选址与定价决策、政府、项目方与居民三者间的利益协调等问题,强调了利益补偿机制在化解邻避冲突中的重要作用。⑦ 但郑卫认为,长期以来,邻避现象被视为公众自私心理的反映,其症结也被归因为利益问题。然而,上海磁悬浮个案反映出邻避设施选址冲突背后有着复杂的矛盾关系,单纯的自私心理或利益因素都不能很好地解释冲突现象。为此,如何进行公共利益界定、利益保护及设置相关程序是促进邻避设施选址顺利推

---

① 李晓晖:《城市邻避性公共设施建设的困境与对策探讨》,载《规划师》2009年第12期。
② 金通:《垃圾处理产业中的邻避现象探析》,载《当代财经》2007年第5期。
③ 乔艳洁、曹婷、唐华:《从公共政策角度探析邻避效应》,载《郑州航空工业管理学院学报(社会科学版)》2007年第1期。
④ 孟薇、孔繁斌:《邻避冲突的成因分析及其治理工具选择——基于政策利益结构分布的视角》,载《江苏行政学院学报》2014年第2期。
⑤ 卢文刚、黎舒菡:《基于利益相关者理论的邻避型群体性事件治理研究——以广州市花都区垃圾焚烧项目为例》,载《新视野》2016年第4期。
⑥ 张娟、娄文龙:《PPP模式下的邻避风险及其治理——基于利益相关者视角》,载《唐山学院学报》2018年第5期。
⑦ 张向和、彭绪亚:《基于邻避效应的垃圾处理场选址博弈研究》,载《统计与决策》2010年第20期。

进的关键所在。①

**6. 风险社会与风险沟通视角**

该视角强调风险社会是邻避冲突形成的背景和原因，因此，通过开展有效的风险沟通，有助于解决邻避冲突的困境。例如，叶啸等基于风险社会理论分析框架，通过对多起邻避事件的比较分析，揭示风险社会视域下政府公信力的影响因素；②王强基于风险社会理论视角，探讨了风险社会背景下邻避效应的生成机理，进而有针对性地提出破解路径；③华智亚主张通过企业、政府、专家和普通公众之间的有效沟通，消除风险认知上的差异，可以预防和应对风险型环境群体性事件；④唐明良主张重大建设项目环评公众参与程序设计成"风险沟通"的平台和场域，以真正实现公众的有序参与，以此解决邻避冲突难题。⑤

**7. 权利抗争视角**

该视角强调邻避冲突是公民进行权利抗争的表现形式，因此，破解邻避困境的核心在于保护公民应有的各项政治权利和法律权利。例如，何艳玲、陈晓运在考察了邻避冲突中抗争动机时发现，从"不怕"到"我怕"，业主通过重构对邻避设施的认知而呈现出其主体性。邻避设施兴建方提出的"技术安全""依法行政"和"民心工程"的"不怕"叙事难以有效规训业主认知，业主由于"我怕"的认知建构而形成不同程度的抗争动机，故"政府应充分考虑业主主体性，开放公民参与，构建系统—信任机制"，这才是化解冲突的关键所在。⑥胡贵仁也认为权利问题是邻避冲突研究中的基本问题，故对邻避冲突中权利问题的分析可以在政府权力控制与民众权利抗争二者关系的框架下进行。⑦张文龙也认为破解中国式邻避困局的关键是充分保障公民权利，为此需要当前社会治理模式的法律转型，充分回应公民的

---

① 郑卫：《邻避设施规划之困境——上海磁悬浮事件的个案分析》，载《城市规划》2011年第2期。

② 叶啸、关欣、叶中华：《风险社会视域下政府公信力的影响因素及建构策略研究——基于15起"邻避"事件的案例分析》，载《公共管理评论》2014年第1期。

③ 王强：《邻避效应的形成机理及破解路径研究——基于风险社会理论视角》，载《湖南省社会主义学院学报》2016年第5期。

④ 华智亚：《风险沟通与风险型环境群体性事件的应对》，载《人文杂志》2014年第5期。

⑤ 唐明良：《新型工业化城镇化背景下浙江应对邻避冲突的选择——风险沟通及其实现》，载《浙江学刊》2013年第2期。

⑥ 何艳玲、陈晓运：《从"不怕"到"我怕"："一般人群"在邻避冲突中如何形成抗争动机》，载《学术研究》2012年第5期。

⑦ 胡贵仁：《"过渡型"邻避冲突的演进逻辑与化解思路——基于权利抗争的视角》，载《中共宁波市委党校学报》2018年第3期。

权利诉求,降低邻避冲突风险。①

除了上述七种主要研究视角外,最近两年还出现了一些新的研究和分析视角。如人性假设视角②、社区营造视角③、社会资本视角④、制度信任视角⑤、城市治理视角⑥等。这些新视角从不同的维度探讨邻避现象的本质、原因及其应对之策,具有一定的新意,但这些视角的解释力和适用性仍有待时间的检验,也有待进一步深化和扩展。

## 三、基本结论与展望

从上述对中国知网 CNKI 数据库的指数分析及已有研究文献的内容梳理可知,在邻避现象与邻避冲突等邻避类议题上,已经吸引越来越多的学者加以关注和研究,并取得了丰硕的研究成果,但也存在一些缺陷和不足,下面分别从研究视角、研究方法和研究内容三个方面进行总结评论。

首先,从研究视角上看,已有研究主要侧重于风险感知、环境正义或空间正义、公民参与、协商民主或协商治理、利益与利益相关者、风险社会与风险沟通、权利抗争等七个方面。风险感知视角下的邻避研究主要吸收心理学的研究成果,以解释邻避冲突的原因;环境正义或空间正义视角则主要借用环境哲学的研究成果来阐释邻避现象;协商民主或协商治理视角主要运用政治学中的民主研究新成果,来探讨邻避困境的出路;利益与利益相关者视角倾向于使用经济学的博弈论或理性人假设来分析邻避冲突主体间的复杂关系;风险社会与风险沟通视角主要借鉴社会学及新闻传播学的理论成果,在分析邻避冲突背后的风险文化和现代性制度根源的同时,试图找到消弭邻避冲突主体间的隔阂;权利抗争视角则更强调通过政治学和法学中公民权利的概念来阐释邻避产生的逻辑,以及邻避冲突的治理之道。此外,近

---

① 张文龙:《中国式邻避困局的解决之道:基于法律供给侧视角》,载《法律科学(西北政法大学学报)》2017 年第 2 期。

② 胡象明、刘浩然:《敏感人:一项分析邻避效应的人性假设》,载《理论探讨》2017 年第 1 期。

③ 杨雪锋、李爽、熊孟清:《基于社区营造视角的环境邻避效应治理对策初探》,载《南京工业大学学报(社会科学版)》2018 年第 5 期。

④ 张广文:《社会资本视阈下邻避冲突治理路径研究》,载《首都师范大学学报(社会科学版)》2017 年第 4 期。

⑤ 裴新伟:《制度信任视角下邻避冲突的生成机理——一个新的解释框架》,载《天水行政学院学报》2018 年第 4 期。

⑥ 孙小逸:《理解邻避冲突中政府回应的差异化模式:基于城市治理的视角》,载《中国行政管理》2018 年第 8 期。

年来也出现了少量的新的研究视角，但邻避现象的复杂性要求研究者开拓出更多研究视角，促使邻避研究不断拓展广度和深度，已有研究视角仍显不足。

其次，从研究方法上看，国内的邻避类议题研究方法日益多样化，既有定性研究，也有定量研究，既有单个个案研究，也有多案例比较研究。但总体上看，定性研究多，定量研究少；理论性、规范性的研究多，实证性、经验性的研究少。然而，如果从已有文献的社会影响角度来看，那些实证性的、内含具体案例的文献被引用的可能性反而更大，被引次数更多，在学术界的反响也更大。例如，何艳玲教授发表的《"中国式"邻避冲突：基于事件的分析》和《"邻避冲突"及其解决：基于一次城市集体抗争的分析》两篇文章都是基于具体个案的深度分析和经验性研究。它们的被引次数分别是316次和238次，分列于高被引文献排行榜的第2名和第3名。此外，在已有的比较研究类文献中，也同样缺乏针对不同邻避设施的实证比较，以及跨国、跨文化的比较研究。这就使得比较类研究的深度和广度仍显不够，因此，这类研究仍然大有提升的空间。

最后，从研究内容上看，已有研究还存在三个不足之处：一是重复研究、表层研究较多，有新意的深度研究较少。"现有研究过多地把精力放在了邻避现象泛泛研究方面，对其成因和对策方面的重复性论述比较多，创新性观点鲜见。"[①] 二是缺乏跨学科研究成果，现有研究往往局限在研究者自身专业学科领域。但事实上，邻避冲突的发生发展是非常复杂的社会现象，因此，邻避冲突及其风险评估的研究单靠某一学科是远远不够的，需要更多的跨学科交叉性、综合性研究。三是在邻避冲突原因考察和风险评估方面，较少对公众风险认知评估和焦虑情绪等风险感知方面的测量，缺乏对最核心的利益相关者在心理和文化方面的评估研究，是现有邻避冲突风险评估研究和实践中最大的缺陷。

展望不久的将来，随着我国经济社会的持续发展，具有一定负外部性和负面影响的邻避设施必将相应增长，邻避冲突也将仍然是社会冲突和社会抗争的重要形式。公共管理实践方面的挑战和压力必将传递到公共管理理论研究层面。因此，今后邻避类议题研究会呈现如下几个趋势：

**1. 研究文献及研究成果将继续增多**

可以预见的是，在今后很长一段时间，邻避类议题的研究仍然是学界关注的热点问题。学者们对邻避现象和邻避冲突的研究兴趣也不会很快减弱，因此，有关邻避类议题研究文献将持续增长，研究成果将进一步丰富，不管是论文还是著作，都

---

① 刘晶晶：《国内外邻避现象研究综述》，载《生产力研究》2013年第1期。

会出现迅猛增长的态势。

**2. 研究视角进一步多样化，研究范围进一步拓宽**

随着研究者们研究的深入，研究视角将进一步多元多样，还将不断涌现新的研究维度和新的理论视角，因此，研究范围和研究领域也将不断拓展，研究者将不再满足于探讨邻避问题的传统核心议题，如邻避概念阐释、邻避原因分析和邻避冲突的治理之道等，而是逐渐触及与邻避紧密相关的外围议题或交叉性议题，如人性与邻避、城市社区治理与邻避、新媒体与邻避、文化与邻避、大数据与邻避等。

**3. 新的研究方法和研究工具将被引入**

已有研究主要采用传统的定性和定量研究方法，包括访谈、调查问卷和文本分析等，但随着新的信息技术和新科技的出现，新的研究工具和方法将会被引入邻避类议题研究中。事实上，近年来一些新的研究工具和方法如文化组学（culturomics）、地理信息技术，包括地理信息系统（GIS）、遥感（RS）、全球定位系统（GPS）和数字地球技术，以及大数据和云计算等技术方法已被广泛应用到社会科学领域，特别是公共决策、公共危机管理、城市规划与开发、环境治理等研究方向上。因此，可以预见未来的邻避研究也会逐渐采用这些新方法和新工具。

**4. 跨学科研究、跨国跨文化比较研究增加**

已有研究比较缺乏多学科交叉、跨学科研究，而跨国跨文化的比较研究也很少见到。但是，邻避问题的复杂性已突破学科的界限。因此，未来邻避问题研究必须走跨学科、交叉学科之路，打破学科的藩篱，以问题本身为出发点，进行跨学科的深入研究。而中西文化、不同国度之间、不同邻避设施类别引发邻避风险等方面的比较研究也将成为未来邻避问题研究的一个重要方向。

# 社会资本视角下中国网络乱象之治理变革*

钟园园**

**摘　要**：改革开放以来，中国社会步入现代化转型加速期，社会结构深刻变动，利益格局深刻调整，思想观念深刻变化。互联网的普及极大地激发了人们的政治参与热情，一些局部的小型事件经过网络发酵往往成为热点新闻，无形中给社会增添了许多不安定因素。面对新时代网络治理的新环境、新任务、新挑战，光靠政府的单向治理已经难以应对。中国的网络治理应在充分考虑国情的基础上广泛学习、吸收国外先进的经验，大力培育社会资本，形成政府主导下的多元网络治理格局。

**关键词**：社会资本；社会组织；法治；网络治理

网络社会的到来极大地推动了经济、社会、文化的发展。它扩大了公共领域的范围，为网民提供了政治参与的新平台和舆论监督的新手段。然而，网络也是一把"双刃剑"：它能突破时空限制产生聚集效应，形成线上线下的集体行动，给社会带来不稳定的因素；网络热点事件的频频发酵给政府施加了巨大的压力；网络信息的可复制性对网络版权保护提出了更高的要求；网络共享经济的发展对网络参与主体之间的权责划分提出了更高的标准。面对新时代网络治理的新环境、新任务、新挑战，光靠政府的单向治理已经难以应对。中国的网络治理应在充分考虑中国道路和中国模式的基础上广泛学习、吸收国外先进的经验，形成政府主导下的多元网络治理格局。

---

\* 本文系国家社科基金青年项目"国家治理视野下的政治发展问题研究"（项目编号：17CZZ001）阶段性成果。

\*\* 钟园园，中共中央党校研究生院政治学博士，对外经济贸易大学国际关系学院教师，主要研究领域：基层治理、社会治理、政治发展。

## 一、中国互联网的治理结构、治理过程及存在的问题

（一）中国互联网的治理结构

中国的互联网参与主体主要包括政府部门、规模不一的互联网企业、分散的社会组织和广大网民。所有参与主体都基于实现网络社会"开放、平等、共享"的目标，但各主体之间还存在权责不清、职能交叉重叠、政出多门以及主体之间的管理权和话语权极其不平衡等一系列问题。

在作为治理主体的政府体系中，居于顶层的是中央网络安全和信息化委员会，主要负责战略设计，以协调各方、推进落实。其工作核心在于提升网络治理的战略高度，破除"九龙治水"的低效管理格局，形成网络治理全国一盘棋的局面。委员会下设多个办事机构，它们发起和协调各项具体事宜，形成互联网监管的强大合力，这些机构不定期发起和组织各类互联网专项整治行动，制定互联网监管规范性文件，覆盖从信息监控到舆情监测，从软硬件防护到网络业务资格审批等各个领域。与中央机构对应，地方各级政府也设立了互联网信息办公室，在属地网络治理中发挥主导作用。纵横的政府监管体系在网络社会中扮演了负责任的"大政府"的角色。

互联网企业是网络社会的中枢，为网民提供了网络活动的广阔平台。它们以营利为目的，承接政府的各项任务，负责技术监管，接受政府部门的监督，执行政府体系的各项政策法规，监督网民的网络行为。互联网企业弥补了政府监管技术资金不足的缺陷，充当政府网络监管的主要抓手。

网络社会组织目前大多是在民政部登记的以半官方性质为主的自律型组织，它们代表政府向社会宣传各类网络法规，起草发布公约，规范互联网行为。目前，互联网社会组织尤其是民间组织数量有限且缺乏联动机制，自治效果尚不明显。

现阶段中国的网民是被监管的主要对象。广大网民像是一盘散沙，他们的呼声针对性强、攻击力大，但是往往缺乏组织性和法律意识。随着社会的进步，公民民主权利意识增强，国家不断向社会和公民分权、还权，网民从治理客体转变为治理主体将是大势所趋。

## （二）中国互联网的治理过程

作为互联网的主要监管者，中国政府一直在促进网络经济发展与保证网络监管两个目标之间寻找动态权衡。既要使互联网成为新经济的推动力，又要防止互联网沦为宣泄社会不满的阵地。互联网治理主要有行政、经济、社会和技术等各种手段。目前，中国网络治理主要依赖的是技术化和行政化手段。行政手段是驱动力，技术手段是实现工具，通过行政手段和技术手段的结合，互联网治理目标清晰、过程简单、高效快捷。行政手段加技术手段的模式适合网络社会起步阶段。这种模式下，一旦遇到重大网络事件，政府部门能协调各方，整体推动，层层下压，给互联网企业施以行政命令，从而实现对网络局势的把控。而在平时，政府部门不定期发起专项整治行动，如打击淫秽色情网站、网络诈骗、有偿删帖，整治违规失信招聘网站、婚恋网站及互联网用户违规账号等。在社会转型期，这些专项行动对于净化网络环境、保证互联网的安全有序健康运转、弘扬中华民族传统的公序良俗起到了重要的作用。

中国互联网行政监管的最大特色就是政企发包制。政府以强大的经济激励和资源控制为前提，将管理职责"外包"给互联网企业。这种模式不同于科层制下上下级之间严格的等级关系，也不同于"外包"过程中发包人与承包人之间平等的契约关系。虽然互联网企业拥有具体的执行权和决策权，能够发挥一定的自主性，但它必须接受来自政府的"负激励"，主要表现为政府对企业经营成果具有"一票否决"权，企业的违规行为将面临罚款甚至"关停"等行政处罚。为了防止"踩线"，企业必须不断动员组织内部资源，开展自查自纠，对政府监管的配合和自我审查已内化为国内互联网企业的非正式制度。约谈制度也是行政干预的一种方式，在网络监管中起到防患于未然的功效。以 2018 年年初的两起事件为例：文化部在收到"儿童邪典片"的网络舆情后，立即部署优酷、爱奇艺等主要互联网视频企业开展排查清理工作，要求各企业第一时间清理所有相关动漫视频，并建立起排查清理联动机制，共享排查关键词库和违规动漫视频信息。经过整顿，主要互联网企业累计下线动漫视频 27.9 万余条，封禁违规账号 1079 个，下线内容违规游戏 771 款。[①] 另外，工信部在得到手机软件侵犯用户个人隐私的举报信息后，立刻对百度、

---

① 资料来源：http://www.mcprc.gov.cn/whzx/whyw/201802/t20180209_831184.html，2018 年 6 月 17 日访问。

支付宝等企业进行了紧急约谈,相关企业表示,将按照政府部门要求,对相关服务进行全面排查,加强内部控制,完善产品设计,进一步规范用户个人信息收集使用行为,切实保障用户知情权,维护他们的合法权益。①

### (三) 中国互联网治理存在的问题

虽然行政化管理手段取得了一定的成绩,适合中国过去一个阶段的国情,但是随着社会的进一步发展,各类深层次矛盾不断涌现,行政化加技术化的处理模式已经难以妥善处理各类矛盾,"查、关、停、删"等手段不仅难以解决问题,反而成为网络事件发酵的导火索。此外,强大的行政管制力量给民众造成"维权无法与维稳抗争"的印象,并引发数轮舆情轰炸或线上线下的群体事件。以六安教师维权事件为例:2018年,安徽六安几十名教师因待遇发放问题集体上访,部分民警在疏散上访的过程中存在执法粗暴的现象,一时间"六安教师维权遭遇警方殴打"的消息在网上散布开来。在网络行政管制方式主导下,"拒绝诉求—封锁消息—掩盖事实—删帖"成了基本工作步骤,而弱势群体的诉求没有得到解决,网民也没有得到满意的答复,舆论又起风波,直到事件发生三天后,相关政府部门才表示要调查事件真相,给大家一个说法。同样,在2018年四川广安"严夫人"事件中,政府声音也在第一时间缺位,于是,各种"人肉"和"猜测"迅速补位,一件滥用公权力事件背后衍生出贪腐和不公平享受教育资源等深层次问题,整个过程以涉事单位的"否定"和"辟谣"为主,缺少政府的正面回应,这显然难以使人信服。从这两起事件的高关注度和发酵来看,网络治理的行政手段已远远无法满足网民对公权力进行监督的诉求。

政府在改革的目标和过程中处处以人民利益为中心,但是转型期,社会各种问题和矛盾激化,在现实利益诉求通道受限的情况下,公民习惯于在网络渠道发声。在这种情况下,行政手段很难长期有效发挥作用。首先,在政企发包的过程中,网络社会的流动性和变化性使得政府对于企业的考核很难标准化,只能采用"负激励"制度,企业为了避免承担责任,倾向于采用过度审查网络信息或直接删除敏感信息,这种方式虽然可操作性强,对企业利益的伤害也最小,但更多体现的是代理人——企业的偏好而非政府和网民的偏好。长此以往,会降低广大网民政治参与的

---

① 《工业和信息化部信息通信管理局就加强用户个人信息保护约谈相关企业》,http://www.miit.gov.cn/n1146290/n4388791/c6010832/content.html,2018年6月19日访问。

积极性,甚至动摇政府的合法性根基。其次,互联网企业难以长期负担监管成本,这将造成政企之间的紧张关系。以阿里巴巴为例,政府部门由于受到人力、资源、技术的制约,每年十余万件涉及淘宝网购平台的投诉最终都靠企业自行解决。事实上,阿里巴巴成了一种实际上的网络治理中心。但是,并非每一个企业都有如此强大的承受力。

## 二、国外互联网治理的经验比较

### (一) 发达国家互联网治理经验

西方发达国家在网络治理中起步早、经验足,他们依托强大的技术手段和社会组织,发展出了一套适合本国国情的治理模式。我们可以结合自己的国情,吸收借鉴当代发达国家的做法。

英国著名的互联网自治组织互联网监督基金会(Internet Supervision Foundation)是一个纯粹的民间组织,它在英国社会中负有盛名。该基金会的代表成员是从各业界中竞选产生,代表来源非常广泛,覆盖各行各业。基金会的运作模式主要是协商立法。协商主体包括政社多方,如伦敦警察厅、内政部、网络服务提供商协会、安全网络基金会、伦敦互联网交流平台等政府部门和社会组织。协商的主体和过程确保了所通过事项都是被政社各方所接受的,由于民间的自律和法治意识较强,基金会通过的规范都能得到严格遵守和执行。基金会的代表还主动承担了"内容分级""检举报告"等责任。[1]

西方发达国家的协商自治历史悠久,法治意识深入人心,为互联网治理创造了良好的大环境。发达的社会组织在其中发挥的作用也不可小觑,它们为政府分担了很多任务,形成了政府参与下社会主导的"法治加自治"的治理模式。

### (二) 发展中国家互联网治理经验

在发展中国家,也有一些在政府主导下的网络自治案例值得我们学习。同处一个发展阶段,中国和这些国家在体制、面临的问题和挑战等方面有很多相似之处。

---

[1] 〔美〕阿肯·冯、霍莱·吉尔曼、詹妮弗·斯卡巴特:《互联网+政治的六种模型》,毛勇兵、郝宇青译,载《国外理论动态》2017年第9期。

近年来，一些发展中国家的新兴网络组织应运而生，并充当了适合自己的角色。

在印度的选举程序中，选民往往对候选人的信息一无所知，孟买投票网络组织（Mumbai Votes）的产生极大地解决了这个难题。"孟买投票"平台上详细展示候选人的背景经历并对官员们在上任后的工作业绩进行跟踪。"孟买投票"有利于政务公开、选举透明和责任政府的产生。孟买政治家们在社会监督下，难以再仅仅为贫民窟地主们代言。

斯洛伐克的公平竞争联盟（The Fair Play Alliance）是该国著名的网络组织，它创建的在线数据库旨在运用数字技术监控私人与公共部门之间的资金流动信息，尤其是一些政治献金。公平竞争联盟是一个网络监督组织，对数据的真实性和有效性负责，并把这些信息公之于众。在"天鹅绒革命"之后，公平竞争联盟的数据服务弥补了政治制度的漏洞，预防了政府腐败的肆意滋长，极大提升了政府的公信力。[①]

上述两个案例中的社会组织具备以下几个共同点：首先，这些网络社会组织的发起者都是社会精英，他们能通过各种渠道获取有价值的信息，但是在政治上，他们都保持中立。其次，这些网络社会组织拥有雄厚的资金实力，用于获取、购买、采集各类数据，并雇用专业技术人员对数据进行加工。最后，这些社会组织善于抢占时间优势，在舆论发酵前就把控局面。相比于大量网民不负责任的猜忌和各种信息泥沙俱下，一个权威的民间网络自治组织或者平台提供的信息或许更令人信服，有利于网民进行有序的政治参与。从以上两个案例也可以发现，在发展中国家，光靠政府的单打独斗很难实现网络的善治，需要有第三方来协调政社之间的关系。网络治理是一项复杂的系统工程，需要参与各方都投入到治理过程中来。在政府和企业已经精疲力竭的情况下，我们理应考虑社会资本的投入。

## 三、社会资本视角下中国网络治理的变革之道

### （一）社会资本理论

帕特南在《使民主运转起来》一书中提出了社会资本理论。他认为，在一个继承了大量社会资本的共同体内，自愿的合作更容易出现。他所说的社会资本是指社

---

① 〔美〕阿肯·冯、霍莱·吉尔曼、詹妮弗·斯卡巴特：《互联网+政治的六种模型》，毛勇兵、郝宇青译，载《国外理论动态》2017年第9期。

会组织的特征，诸如信任、规范和网络，它们能够通过促进合作行为来提高社会的效率。因此，就像常规资本一样，社会资本是可以转化为现实的资金成本的，从而降低现实社会的实际成本投入。此外，那些起初就拥有社会资本的人往往会积累更多的社会资本，成功开创初期的小规模制度，能够使参与者依赖该制度所带来的社会资本，以更大更复杂的制度安排去解决更大的问题。社会资本是需要不断使用的，如果不使用它，就会消失殆尽。越使用越增加供给，搁置不用则会减少供给。正是因为这些原因，我们应该用良性循环来标识社会资本的产生和壮大。[①] 帕特南以意大利的南北差异为例对上述理论进行了论证。在北部，意大利公民精神发达，社会信任长期以来一直是伦理道德的核心组成部分，它维持了经济发展的动力，确保了政府绩效，而南部由于社会资本的缺失，在政党之间、政企之间、政府和私人组织之间需要通过代价高昂的"协议条款"和"监督"来达成合作。[②] 因此，在一个共同体中，信任水平越高，合作的可能性就越大，需要花费在合作上的交易成本也就越低，从而可以节约资金成本。由于社会资本是越用越多，合作紧密的地区自然会产生更多的社会资本。

此外，帕特南还把社会资本分为垂直的网络和水平的网络，垂直的网络无论多么密集，都无法维系社会信任和合作。信息的垂直流动往往不如水平流动可靠，其原因在于下级为了自身利益往往对信息有所保留。[③] 19世纪之所以证明资本主义比封建主义更有效率，20世纪证明民主比专制更有效率就是以上的原因。就像政企关系、政府与网民的关系、企业与网民的关系都属于垂直体系。如果说横向的参与网络有助于解决问题，那么一个组织的建构越具有横向性，它就越能够在更广泛的共同体内促进制度的成功。横向组织的数量往往与良好的政绩呈正相关性，仅仅依靠垂直网络的永不合作策略也能达到稳定的均衡，但这种压迫型国家难免长期落后。如果社会资本存量足够的话，实现一种更好的均衡，即政府和社会的双赢，将是一种理性的选择。

社会资本一旦积累起来就具有可持续性，并对制度的变迁产生重要影响。根据经济史学家提出的"路径依赖"理论，制度的变迁有两种方向：一是某种初始制度选定后，产生报酬递增的效果，继而又创造了一些与这个制度相配套的制度安排和其他制度成分，形成"自我强化机制"。二是某种制度的形成降低了生产效率并阻

---

① 〔美〕罗伯特·D. 帕特南：《使民主运转起来》，王列、赖海榕译，中国人民大学出版社2015年版，第109页。
② 同上书，第125页。
③ 同上书，第168页。

碍了生产活动，那些与这种制度共荣的组织为了自己的既得利益而尽力维护它，此时社会就会陷入无效制度，进入"锁定"状态。好的制度有可能无法进入统治者的制度选择集合，制度变迁的任务就是打破"锁定"，设法进入制度变迁有利于经济增长的良性循环。良好的社会资本有助于良好的制度形成正向的"自我强化机制"，有助于打破不利制度的"锁定"状态，推动制度的正向变迁。即使两个社会的制度、资源和个人偏好相差无几，社会资本的差异也会造成不同的发展轨迹，产生持久的绩效差距。

（二）社会资本视角下中国网络治理的路径选择

社会治理的目标在于实现治理收益的提升和治理成本的下降，网络治理也不例外。毋庸置疑，中国互联网产业的经济收益一直居高不下，本文仅从社会收益的视角来分析中国互联网治理的路径选择。现阶段，政府的行政开支巨大，而且强大的行政手段往往以牺牲企业的经济利益为代价，机会成本偏高，互联网企业为了配合政府的行政指令，在人力、物力、财力等多方面的支出也居高不下。某互联网企业透露，其一年花在网络监管上的成本占整个企业支出的35%。① 在社会收益方面，笔者在北京几所央属高校随机展开问卷调查，调查对象为高校的师生，作为网民中的"高精尖"，他们对互联网的看法具有较高的代表性和前沿性。调查显示，互联网治理日渐规范有序，在网络版权保护、政府信息公开、保护网民隐私和网络共享经济管理方面享有较高的满意度。但在网络热点事件处理、敏感词的严查过滤、网络应急处理能力和线上线下的协同治理方面还存在很多问题，可见，社会受益的提升空间还很大。暂且认为，目前的网络治理位于高成本、低社会收益的阶段，如图1的点A。

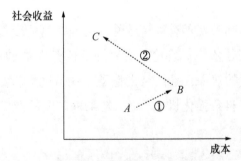

图1 社会资本视角下的网络治理路径

---

① 笔者参与调研组与企业主要负责人座谈时企业提供的数据。

如图 1 所示，我们的目标是要到达点 C，即低成本、高社会收益阶段。基于中国现阶段国情，笔者认为，从点 A 到达点 C 不是一个直线的发展过程，而是要经历一个漫长的过渡阶段，这个阶段的目标是通过积累社会资本来打破现有的制度"锁定"，实现良性的路径依赖。在这个阶段，政府仍然需要投入大量的资金成本，企业仍需付出高昂的代价鼎力配合，成本总投入将高于目前的投入，如图 1 点 B。这些成本投入分两个部分支配：一部分是常规成本，仍将用于网络行政管制，确保网络环境的稳定有序运转；另一部分成本则用于对网络社会组织的培育，对网民的宣传教育，对网络法治规范的强化。这部分成本投入虽然难以在短期内见效，但从长期来看，将培养出优良的社会资本，即信任、规范和互相依存的网络。随着时间的推移，培育出的社会资本开始发挥作用，网络治理体系中的社会组织和网民的自治效果显现，所需的行政监管成本开始下降。此时，才能打破"锁定"，实现由路径①向路径②的转变，并实现路径②的良性路径依赖。沿着路径②的轨迹进一步发展，政企的成本投入将不断降低，而社会收益将不断提高。最终将到达点 C，即低成本、高社会收益阶段。在这个阶段，政府和企业将不再是网络治理的主角，而是形成了一个政府主导下的多元治理格局。显然，从路径①到路径②是一条用雄厚的社会资本来替代资金成本并取得更高的社会效益的路径选择。那么，首先需要解决的问题就是如何利用有限的资金成本来培育社会资本，也就是如何达到点 B。

### （三）社会资本的培育

**1. 网络社会组织的培育**

与其他国家相比，中国的社会组织发育先天不足。一方面，互联网的迅猛发展始料未及，自治组织却长期缺位。另一方面，政府对社会的空间挤占使得社会自治自律意识严重不足，网络社会组织缺少规范性、组织性和自治性，遇到问题不是考虑如何通过协商自治来解决，而是想方设法找关系，得到政府的支持。网络社会组织的内在驱动力不足又倒逼政府行政化手段的强化，进一步挤占网络社会自治空间。中国社会转型已经进入一个新时期，改革进一步向纵深发展，各种社会的深层次矛盾显现，应把政府的一些职能转移给网络社会组织，从而节约行政成本，缓解政府、互联网企业和社会三者之间的紧张关系。要落实习近平总书记关于"加快网络社会组织建设"和"网上网下要形成同心圆"① 的重要指示精神,进一步凝聚网络社会广泛共识,构建网络强国,建设强大"同心圆"。鉴于中国社会结构的复杂性,网络社会组织可以先由社会精英牵头组织,社会精英或者"网络大 V"在各自社会领域具有威信和话语权,能代表广大网民妥善处理与政企之间的关系。在社会精英牵头下的网络社会组织将有利于加强政府对网络社会组织工作的全面领导,建立健全网络社会组织协调联动工作机制,充分发挥网络社会组织的积极性,并从人才培养、资金配套、内容拓展、政府购买社会服务、奖惩制度等方面,建立网络社会组织扶持保障机制。随着互联网规模的不断扩展,这些网络社会组织将逐渐发展壮大为独立于政府和互联网企业的第三方,成为专业从事网络治理的机构,最终建立起在政府主导下的多元共治的网络治理体系。

**2. 强化网络法治规范**

从发达国家的治理经验中可以发现,社会资本的培育离不开法治的土壤。基于中国法治发展状况,法治社会的形成还需要一个过程。现阶段法治网络规范既包括对网民的约束,也包括对政府的约束。各项网络法律法规的出台和执行都必须有一定的程序,政府的行政化管理手段应更多地制度化而不是突击化。在对网民约束方面,网络立法要程序合法、内容合理。针对层出不穷的新领域、新事物及时出台更新法律法规,定期评估既有法规体系,不断抛弃不合时宜的规章制度,保证法律规则与网络发展与时俱进。在立法内容上多学习国外的经验,做到高瞻远瞩,在中国特色社会主义法律体系框架内努力与国际接轨。有了良法还需要"善治",网络社会的"善治"离不开广大网民,法治和自治观念必须深入人心,而网民的自治观念和能力的习得是一个长期培育和实践的过程,网络社会组织可以将网民有效地组织起来,举办各类网络法治讲座和沙龙,不断普及法律意识;发挥"网络大 V"的影响力,在网络上正向引导各种舆论与言行。政府行为的不断规范也将给网民带来示范效应,政府与社会分立并保持适当的距离,国家权力的自觉约束与收缩,对公民权利的保障和社会自治权利的强化都能为社会自治拓展足够的空间。② 同时,加强执法力度,对违反网络法律规范的行为严惩不贷,部分执法权可以下放给自治组织,培养其自治的能力和习惯。在政府约束方面,应重视政府网络行为的法治规范。目前,公民权利没有完全保障,普遍的网络预先审查导致民意表达受限,拖延

---

① 《习近平在全国网络安全和信息化工作会议上的重要讲话》,http://www.cac.gov.cn/2018-08/03/c_1123216820.htm? from = groupmessage,2018 年 6 月 17 日访问。

② 牟宪魁:《互联网时代的公共权力运行与公民权利保障》,载《中国行政管理》2010 年第 12 期。

回避、"捂瞒删封"等事件处置方式也已经无法解决新时代人民日益增长的美好生活需要和不平衡不充分发展之间的矛盾。常规化的专项式整治更是弱化了制度化治理，同时更直观地表现出政府的网络舆情危机处置能力不足。因此，政府要逐步降低专项整治的频度，缩小范围，最终转向常态化、制度化管理。在管理的薄弱环节，如网络热点事件处理上，更应注重法律对线下线上的双重约束，政府的线下行为要遵守法律法规，线上言论也要尊重事实，重视线下线上信息及时更新和传递，实现线下线上双重公平正义。

总之，网络治理应致力于实现降低治理成本，提升治理收益的长期目标。这就需要培育和壮大社会资本，实现网络治理的良性路径依赖。基于中国传统和社会转型期的现实情况，借鉴国外的成功经验，现阶段网络治理的社会资本培育应重视加强网络社会组织的培育和网络治理的法治规范，如此，才能最终实现政府主导下的网络善治。

# 案例分析

# 城管综合执法协同网络创新
## ——基于上海浦东新区的实证研究[*]

潘晓霞　郑晓华[**]

**摘　要**：随着我国城市化的不断发展与综合性管理事务的不断增加，城市管理综合执法已成为我国城市管理领域中的重要环节，维持着社会功能的有序运行。然而，随着执法权的不断集中，城管综合执法部门与其他政府部门之间的职权交叉愈加严重，相互间的协调配合也愈加紧凑，一些诸如权利的衔接、部门间的协调、沟通的渠道等协同困境，影响改革的成效。本文以上海浦东新区作为研究对象，通过创新工作模式，构建一种以协同为特征的组织网络，形成功能聚合、流程优化、业务协同、信息共享、法治运作的工作常态，旨在缓解城市管理部门分割与碎片化的问题，对有效提升行政执法效能具有一定的参考价值。

**关键词**：城管执法；协同网络；信息共享；联合奖惩

## 一、引言

改革开放以来，我国城市发展不断增速，市场规模持续扩大，利益结构日渐多元化，交织性的社会事务逐渐成为常态，因此，必须加快行政执法管理体制的改革，通过重新整合行政执法权，以相对综合统一的姿态调控具有交叉性的社会关系

---

[*] 本文系教育部人文社会科学研究规划基金一般项目"社会治理创新中的行政赋权研究"（项目编号：16YJA810006）阶段性成果。

[**] 潘晓霞，上海浦东新区城市管理行政执法局四级主办、上海交通大学国际与公共事务学院2016级MPA研究生，主要研究领域：城市治理、城管执法；郑晓华，管理学博士，上海交通大学国际与公共事务学院副教授、中国城市治理研究院双聘副研究员、硕士生导师，主要研究领域：基层治理、政治理论。

和难以归类的社会事务。① 2015年12月24日印发的《中共中央、国务院关于深入推进城市执法体制改革改进城市管理工作的指导意见》进一步明确提出了"推进综合执法"之后,全国城管执法系统掀起了改革的一股热潮,从原先的"小城管"逐步升级为综合执法的"大城管"体系,并伴随着执法主体的独立。但是,执法权的相对集中并不能在实质上解决所有问题,随着执法领域的不断扩展,城管综合执法部门与不同业务主管部门、作业单位的沟通边界不断增加且各相关部门间的职责划分不够清晰,很容易引起部门间的责任推诿和相互扯皮。同时,各相关部门在信息共享、执法协助、联动监管等方面的协作暴露出不少问题,具有较为明显的部门区间化、分段化和孤立化的特征,从而产生部门间各自为政与部门自利性的问题,降低了行政执法的效率。

本文以上海浦东新区城管综合执法协同网络为研究对象。浦东新区作为副省级单位,一直是国家先行先试的重点区域,作为国家综合配套改革试点地区,在扩大相对集中行政处罚权、证照分离等其他一系列的行政管理改革中,其起步和起点具有"早"和"高"的优势。从城市化发展来看,浦东新区作为全国的标志性地域之一,不仅拥有繁华的地标式区域,而且具有城乡接合、点多面广的特点,城乡发展不均衡、不协调的问题仍然突出,至2017年年底,全区面积达1429.67平方公里,户籍人口295.77万人,登记流动人口228.92万人。② 其中24个镇的合计面积远超过12个街道,城乡接合部区域较多,人口流动性大,给城市管理造成了相当的难度。从城管综合执法改革来看,经过体制改革与多次相对集中行政处罚权范围的浦东新区城管综合执法部门,在城市管理工作上具有较强的代表性。综合执法改革运行以来,按照权力清单的统计口径,浦东新区城管执法部门共行使市容环境、环境保护、水务、城市交通、公路路政、燃气管理、石油天然气管道、城乡规划、土地管理、工商管理、建设管理等城市管理领域的18类共计1231项执法事项。面对这一状况,传统应急性、被动式、碎片化的城市管理执法方式亟须改变。浦东新区综合执法部门在结合自身管辖区域的实际情况及发展特点的基础上,依据国务院制定的城市管理相对集中行政处罚权制度框架,逐步探索在综合执法体制改革后,建立功能聚合、信息共享、流程优化、业务协同、法治运作的部门间工作协同网络以提高改革成效,形成具有一定特色的城市管理综合执法的"浦东模式"。

---

① 关保英:《执法与处罚的行政权重构》,法律出版社2004年版,第3页。
② 资料来源: http://www.pudong.gov.cn/shpd/about/20180319/008006031003_8ba64629-dc34-40dc-a6e8-5253938ab3d6.htm,2018年3月19日访问。

## 二、城管综合执法协同网络的相关概念与理论

### (一) 城管综合执法

城管作为一个专业执法队伍是顺应城市发展要求而生的,伴随城市化进程的不断加速,城市扩张之后带来的管理问题逐渐凸显。而城管执法是填补城市管理领域的有效行政执法工具,将以往由多个行政部门行使的城市管理方面的行政处罚权力,统一于一个机构行使。其法律依据主要是《行政处罚法》的规定,将两个或两个以上相关行政机关的全部或部分行政处罚权集中由一个行政机关行使,原行政机关不得再行使已集中的行政处罚权。其核心就是将行政处罚权从原行政管理机关所拥有的权力中剥离出来,由特定机关统一行使,促进行政效率与公平。[①] 在原有的行政管理体制即部门职能、权力依据、执法功能不发生变化的基础上,通过对相近的城市管理领域进行重新调整和功能定位达到改革的目的。浦东新区城管综合执法部门集中了该区环保市容局(水务局)、建交委(房管局)、规划土地局、发改委等多个部门的全部或部分行政处罚权。这种综合执法模式的重点是执法职能的整合,有利于解决多头执法、职责交叉、重复处罚等问题,但权力的转让容易造成行政职能部门和综合执法部门之间的职责冲突、推诿扯皮。本文研究的主要是此类执法模式下的协同网络构建。

### (二) 协同网络

一般而言,复杂的社会组织都有其边界,但是以边界区分的组织不能及时应对变化中的环境,割裂了具体问题之间的内在联系,这种僵化的部门边界影响政府部门间的有效沟通,进而成为政府行政效率的重大障碍。而有效的网络结构可以通过各种正式与非正式的沟通渠道连接组织中各个独立的部门,对复杂性、不确定性环境下的组织运行具有重要的推动与保障作用。[②] 由于其具有天然的部门间协调功能,

---

[①] 王怀坤:《论城管执法的现状、问题及对策研究》,载《经济研究导刊》2010 年第 27 期。

[②] Dorothy M. Daley, Interdisciplinary Problems and Agency Boundaries: Exploring Effective Cross-Agency Collaboration, *Journal of Public Administration Research and Theory*, Vol. 19, Iss. 3, 2009, pp. 477-493.

政府部门处在一个相互依赖的环境中，没有哪个部门拥有绝对充足的资源和知识信息可以独立解决所有的问题；在解决公共性问题时，相互依赖的部门需要通过交换资源和信息，共享知识，采取有效的集体行动；部门间通过不断的对话交流信息以克服有限理性的先天不足，通过各种形式的合作建立持久的利害相关关系而减少机会主义的发生概率，通过相互学习以提高适应外部环境变迁的能力和整体的竞争力。①

组织网络结构离不开部门间的协作，协同是其核心。协同作用产生的就是协同效应，这是一种整体性的效应，无论是本系统内部还是系统之间都存在着一定的协同作用的影响。系统能否发挥协同效应是由系统内部各子系统或其组成的协同作用决定的，协同得好，系统的整体性功能就好。即在管理系统内部，如果人、组织、环境等各子系统内部以及它们之间相互协调配合，共同围绕目标齐心协力地运作，那么就能产生 1 + 1 > 2 的协同效应。而如果在管理系统内部产生相互掣肘、离散、冲突或摩擦，就会造成整个管理系统内耗增加，系统内各子系统难以发挥其应有的功能，致使整个系统陷于一种混乱无序的状态。② 管理中的协同就是利用相关联的要素和外部环境调节，形成一个系统的趋势，促使管理形成系统性质的跨越性变化。政府的协同性主要是国家行政机构系统内部之间互相作用、互相关联的协调，通过协调来达到政府这个大系统中各部门、各单位、各层级之间的平衡。此外，对于整个政府系统来说，协同理论作用于各个环节，从而达到政府整个机制运作顺畅、和谐、一致，提高政府行政效能，最大限度地发挥行政功能，实现政府机构的行政目标。

本文旨在通过上述理论，强调"以问题解决"作为一切活动的基础，充分利用包括政府在内的各相关组织部门的专有资源和比较优势，在组织成员、目标、技术、资源四个方面达成一致意见并形成一种多变且平衡的网络治理结构。通过以协同为特征的网络结构的不断运转将城市管理中涉及的各部门、机构以及行政工作的各个环节有机结合起来，使得整个城管综合执法改革工作的内外部能够和谐统一，切实达到提高行政效率的目的。

---

① 乔小明：《大部制改革中政府部门间协调机制的研究》，载《云南师范大学学报（自然科学版）》2010 年第 30 期。

② 白列湖：《协同论与管理协同理论》，载《甘肃社会科学》2007 年第 5 期。

## 三、浦东新区城管综合执法的协同网络之实证研究

### (一) 协同网络的构成现状

为进一步深化政府职能转变,加强事中事后监管,推进浦东新区提升政府治理能力先行区建设,浦东新区依托新区事中事后监管平台,建立了基础信息资源的交换体系,在针对市场主体的执法监管上,基本构建了行业管理部门、综合执法部门以及相关作业单位之间联动协同的组织网络,形成了全流程、全链条的监管闭环,逐步提高行政综合执法的效能。

**1. 信息采集的协同运作**

以"双随机、双评估、双公示"为主的工作流程,通过把各种城市管理资源和力量整合统一,以实现部门间高效合作的目标,在源头的信息采集中便突破了单一部门各自运作的模式,改变原有依靠执法人员巡查、举报投诉或上级交办的行政检查方式,通过对源头信息的分析确定执法相对人。首先,通过建立大数据库的形式,城管综合执法部门依据职权,梳理现有的1231项行政检查事项,制定检查事项清单,明确检查内容、方式、依据等,并根据与各行业主管部门的对接以及各行业的专业特点,将行政检查行为分成9个行业领域,如市容环境、环保、水务、天然气保护、交通安全等。其次,建立参与行政检查的执法人员数据库,数据库包含浦东城管综合执法部门目前所有在岗在编人员的执法信息,结合执法人员各自的专业执法领域进行匹配。而后,与市场监管局、环保局、规土局、建交委等部门进行对接,建立行政相对人随机抽查的数据库,通过浦东新区"政务信息资源共享交换体系"获取行业主管部门的审批许可信息,将相关企业主体纳入日常检查系统,形成监管链条,打破了原来缺乏互相沟通、各自为政的协作困境,逐步解决行政执法过程中的"信息孤岛"和各自为政的问题,拓宽了城管综合执法工作中的行政资源采集渠道。执法检查时,只要通过事中事后监管平台从市场主体名录库中由电脑随机匹配抽选检查对象,同时从执法检查人员名录库中随机匹配综合执法人员,开展行政检查,在遇到对同一市场主体涉及多个综合执法部门需要进行执法检查时,适时开展联动执法,这种"双随机"的检查模式首先规范了行政执法权的行使,通过建立"两库一清单"的具体标准,可以防止综合执法部门对行政相对人的过度干预;其次,极大压缩了综合执法部门与行政相对人的双向寻租空间,避免出现执法人员和行政相对人之间的博弈过程。

### 2. 执法过程的协同联动

根据行政综合执法改革的要求，尽可能减少多次行政执法对行政执法相对人的干扰，因此浦东新区对行政综合执法部门提出了"一次检查、多项体检、综合会诊"的要求，要求同一区域的综合执法部门之间，能够从大局出发，紧密协同，对行政综合执法力量的协同联动进行合理安排，对浦东新区各部门资源进行有效整合，提高城市管理行政综合执法能力，切实有效地提高城市综合行政的执法效能，保障各类城市管理工作的顺利开展。特别是对密切关系到群众切身利益的重点领域或是社会舆论关注的重点问题、重点区域以及重要时间点，开展全区性跨部门专项联合执法行动。例如，在夏季，餐饮类企业便是行政执法的关注重点，按照市府办下发的"全市餐饮服务企业联合抽查"工作要求，协同浦东新区市场监管局、消防、人保等单位完成对浦东新区 105 家抽检餐饮企业的联合抽查（见图 1），其中包括对市执法局的餐饮检查事项及市绿化市容局的环保事项的抽检。实地检查显示，63 家单位未发现违法违规情况；15 家单位不在登记处所无法联系；13 家企业未开展本次检查涉及的经营活动；14 家企业存在未设置油烟收集工具的违法问题。抽查队员按要求填写了核查记录表，并将核查记录录入事中事后监管平台，纸质材料存档。发现违法问题的企业后续已进行了立案查处，通过联动执法查办了一批情节较为严重、影响力较大的典型案件，达到个案突破、整体推进、全面联查的良性互动。"一体化"联动执法行动的开展，大大提高了执法效率，震慑了不法商事主体，有效维护了市场良性运行。

**图 1　跨部门联合"双随机"对同一检查对象一次性完成抽查**

### 3. 执法反馈的协同运用

随机抽查的目的是为了行政监管更为公平、公正、公开，是为了减少执法扰民，甚至对未接受检查的违法违规者起到威慑作用，进一步提升监管效能，但是对随即抽查后的结果如何使用才能达到应有的效果，是值得进一步探讨的。

据浦东新区事中事后监管平台的数据统计，2017 年 1 月 1 日—2018 年 3 月 31 日，全区 21 个部门通过平台共开展随机抽查的行政相对人达到 10.4 万次（见图 2）。

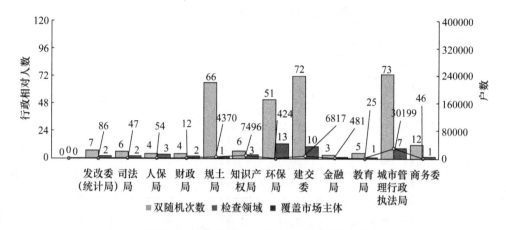

**图 2 浦东新区 21 个部门通过平台开展随机抽查部分情况**
**（2017 年 1 月 1 日—2018 年 3 月 31 日）**

对于综合执法部门归集而来的检查数据，除了执法部门自身，迫切需要参与城市管理的部门应认真规划并达成共识，通过部门间的协同运作，将检查结果的运用最大化。首先，浦东新区城管综合执法部门会对行政执法随机抽查中发现的违反法律法规的问题依法进行行政处理，并督促行政相对人进行整改，落实相关主体责任。其次，通过浦东新区事中事后监管平台，汇总分析行政执法随机抽查结果，检查中一旦发现行政相对人有相同的违法行为或者群体性、共性的问题，执法部门迅速归集形成预警，并及时通知行业管理部门采取行之有效的应对措施，在不断交互的组织网络中形成协同合力，为能高效解决问题或阻止违法行为的蔓延产生不良后果创造条件，促进行政效率和民众满意度的提高。同时，根据行政检查结果、行政处罚情况，对市场主体进行信用评估。基于评估的结果，有针对性地动态调整对行政相对人随机检查的频率、频次。浦东新区城管综合执法部门通过"双评估"模块首先对信息管理部门提供的信用评估数据进行归集，同时城管综合执法部门内部各对口专业大队根据执法事项建立了风险评估标准，对于行业主管部门已明确的依据执行，对未明确的则立足日常监管数据自行设置，分别对给水排水企业、在建工地施工企业、户外广告设施等行业进行了行业安全风险评估，按照风险等级 A 级、B 级、C 级将监管对象分三类，并将评估结果记入综合监管平台，分别以"绿灯""黄灯""红灯"标记。同时加强对"双评估"结果的应用，对风险评估为 A 级企业等信用等级高的市场主体降低抽取比例甚至免于抽查，对风险评估为 B、C 级企业，列入下一次"双随机"检查名录，加大检查力度，体现动态监管、分类监管（见表 1）。

表1  企业风险评估及信用评估情况

| 序号 | 企业名称 | 统一社会信用代码/注册号 | 地址 | 设立日期 | 设立状态 | 全生命周期图 | 企业信用 | 行业风险 | 综合风险 |
|---|---|---|---|---|---|---|---|---|---|
| 1 | 中国黄金集团上海有限公司 | 91310000599779232W | 上海市浦东新区东方路3601号2号楼2010室 | 2012年7月17日 | 存续（在营、开业、在册） | 全生命周期图 | ○ | ○ | ○ |
| 2 | 上海普联建设股份有限公司 | 91310000057696344K | 上海市浦东新区新城路2号24幢3230室 | 2012年12月5日 | 存续（在营、开业、在册） | 全生命周期图 | ○ | ○ | ○ |
| 3 | 大成温调机电工程（上海）有限公司 | 91310000717850061D | 上海市浦东新区航津路658号8楼 | 2003年11月14日 | 存续（在营、开业、在册） | 全生命周期图 | ○ | ○ | ○ |
| 4 | 上海航九建设发展有限公司 | 913101151331664505 | 浦东新区航头镇航头路144—164号9幢581室 | 1992年10月14日 | 存续（在营、开业、在册） | 全生命周期图 | ○ | ○ | ○ |
| 5 | 上海舜峰建设工程有限公司 | 91310115748093614W | 中国（上海）自由贸易试验区张江路665号305-13室 | 2003年3月25日 | 存续（在营、开业、在册） | 全生命周期图 | ○ | ○ | ○ |
| 6 | 上海仕隽建筑工程有限公司 | 91310115753845593U | 浦东新区书院镇船山街80号3122室 | 2003年8月28日 | 存续（在营、开业、在册） | 全生命周期图 | ○ | ○ | ○ |

注：列表中的评估灯分别为信用评估、最低风险评估、本部门最新风险评估。○ A级  ○ B级  ● C级

除此之外，城市管理法制化程度的日益提高，推动了社会信用体系的建立健全。2016年6月，国务院在对各地诚信体系建设的基础上，出台了《关于建立完善守信联合激励和失信联合惩戒制度加快推进社会诚信建设的指导意见》，明确要求各地政府加快构建政府、社会共同参与的信用体系，促进守信联合激励和失信联合惩戒制度的形成，提高行政相对人的违法成本，降低违法行为的发生，不失为一种良好的发展趋势，同时也是建立法治政府的迫切需求。但是，"联合奖惩"体系的建立，不能仅仅依靠执法部门，而是要形成多部门共同配合、协同行动的组织网络。

在浦东新区科经委的指导帮助下，浦东城管综合执法部门已将相关行政处罚信息全部归集到新区"政务云"，每天更新一次，并通过"政务云"推送到各平台和门户，全部为主动共享，方便各部门查询企业行政处罚相关信息。通过将行政处罚结果与行政相对人的信用联网挂钩，向全社会进行公示，并接受全社会监督为手段，以信用约束为核心的模式，使违法当事人意识到"一处失信、处处受限"，增强行政相对人守法的自觉自律（见图3）。除了做好数据的统一归集与公示之外，根据行业主管部门的需要，及时分类推送和反馈有关执法数据，逐步实现政府各部门间的失信企业信息共享和应用。在自身行政执法检查与联动检查中，对于违法行为较为严重和违法频次较高的行政相对人，除了在综合执法时上调自由裁量基准、

提高行政检查频率之外，及时与相关行业主管部门实施联动惩戒，各行业主管部门通过运用提高审批门槛、取消行政许可以及列入黑名单等多种监管手段，加大对违法当事人的惩戒威慑作用，降低违法行为的发生率。

图3 "信用浦东"平台公示企业行政许可和处罚信息

（二）协同网络存在的不足

当然，建设令出统一、执法高效的行政综合执法体制，不可能"毕其功于一役"。在推行建立功能聚合、信息共享、流程优化、业务协同、法治运作的部门间工作协同网络过程中，虽然取得了一些优势，可以在一定程度上弥补部门间沟通协调、信息共享、联合惩戒上的不足，但依旧存在需进一步落实的问题，如协同监管的覆盖面不全、协作过程的联动衔接不畅、基础数据的共享程度不够、联合奖惩的执行效果不强、各部门的配合力度不一致等，亟待研究和分析。

**1. 协同监管的覆盖面不全**

浦东城管综合执法领域在日常的行政检查、行政处罚所涉对象具有领域跨度大、类型众多、情况复杂等特点。从对象性质上说，既有市场主体等可明确的对象，也有事件责任主体等不可明确的对象，对浦东新区城管执法局2017年的行政处罚数据统计显示，约有30%的处罚对象为单位，70%的处罚对象为个体工商户和个人。而现在依托浦东新区事中事后综合监管平台运行的综合执法协同网络，由于依托的技术平台的局限，仅将单位、个体工商户等具有统一社会信用代码的市场主体作为监管对象，没有考虑到除市场主体以外的对象。访谈综合执法协同网络的构成中存在的问题时，很多执法队员表示检查对象具有的复杂性是整个城管综合执法领域不得不面对的特殊性，它们具有流动性强、对抗性强、法制意识薄弱等特点，监管过程中涉及个人利益受损的情况，容易情绪激动，作出不理智举动，从而容易产生冲突，造成不必要的执法矛盾，造成执法成本的增加、执法对象的缺失是亟须解决的问题之一。

**2. 协作过程的联动衔接不畅**

由于城管综合执法协同网络是在不改变原有行政管理体制下构建的，各部门在处理具体行政事务中，虽有协调联动的观念，但还是缺乏有效的部门协同机制。一是横向协同还需突破。综合执法部门间的联动执法虽然在餐饮类企业中进行了试点，也取得了一定的效果，但在其他行业却迟迟没有进展，在多部门联合执法行动中，联而难动的现象依然存在。二是纵向衔接不够流通。源头管理部门太多，形成了跨部门沟通成本的增加，例如，环保局的路政行业，注册登记在市场监管局，审批许可在环保局，监督执法在城管执法局，道路建设影响交通安全的还涉及公安机关。行业监管链条各个环节隶属于不同职能部门，监管职权、沟通机制等还需要进一步明确完善。

**3. 基础数据的共享程度不够**

建立一流的管执联动平台，实现信息系统性的归集和无障碍共享是综合执法协同网络构建中需要克服的难点，现有协同网络依托的平台中运行的数据来自各部门分散的系统，信息资源还未完全达到顺畅流通，影响行政效率，不利于跨部门协同工作开展。这主要表现在：一是浦东新区"政务云"与国家级、市级相关部门业务系统的数据对接进展较慢，全域共享需要进一步加大力度，如如何安全有保障地接入公安系统，以便在执法过程中确认违法当事人，但其涉及个人隐私，需要进一步研究探讨。二是数据归集的标准、格式等还不统一，部分数据缺乏统一社会信用代码，导致共享信息整体质量不高。三是事中事后综合监管平台各子功能都还需进一步优化完善，以满足不同综合执法领域部门特定化的需求。

**4. 联合奖惩的执行效果不强**

作为城管综合执法协同网络中的重要环节，通过"双评估""双公示"工作流程的不断推进、成熟，联合惩戒机制逐步建立及完善，但从其运行情况来看，联合奖惩的执行效果不是很好，守信者得不到激励而对失信者的惩戒却未达到威慑效果。这主要表现在：一是"双评估"的评估标准、启动机制、操作程序等还不明确，特别是如何基于风险评估报告动态调整结果运用还没有成型的经验和模式，没有将评估结果的实际应用落到实处。二是2017年6月出台的《上海市社会信用条例》，虽然为实现以信用建设为基础的联合奖惩提供了一定法律保障，但缺少具体实施细则，国家层面也缺少法律支撑。三是与联合奖惩配套的信用体系建设还在构建之中，对失信者惩戒的形式、程度、时限等还未明确制定，以信用监管为基础的联合奖惩还需进一步探索研究。

**5. 各部门的配合力度不一致**

浦东新区城管综合执法协同网络的构建，虽然得到了区级领导的支持，并根据领导要求和工作需要，建立了区级部门推进机制和督查督办机制，但未形成有效的考核体系，缺乏评估的具体标准，未产生有效激励的效果，同时对各部门的监督也没有形成规章，导致协同网络中各政府部门的运作程度参差不齐，在少数部门没有得到很好的执行。以工作流程中的"双随机"为例，在未建立"两库一清单"的细则标准下，便匆忙选取执法事项进行随机检查，违背了其公平、公正的检查目标，随后的检查结果也仅以线下书面为主，未录入事中事后监管平台，无法作为其他行业和执法部门"双评估"和后续责令整改、立案处罚的重要依据，因此必须要有监督约束准则，明确责任追究机制，提高部门间的工作效率，促进管理目标的达成。

## 四、基本结论

在深化综合执法体制改革的背景下，本文以浦东新区城管综合执法为个案，发现浦东新区通过协同网络的构建，有效地改进了当前执法部门的"碎片化"状态，从而缓解了部门多头执法、推诿扯皮的顽疾，大大提升了执法效果。但经过一段时间的运作也暴露出一些问题，需要进一步的优化，使其能发挥更大的效果，同时更具参考价值。

（一）存在不足的原因分析

**1. 各部门的管理需求不同**

顺利推进综合执法协同网络的构建进程，就是要在行政体系内形成共识，用整体性的思维对待综合执法协同网络的运作，无论是管理部门还是执法部门都应进行统筹考虑、全盘规划，明确执法边界，达成共识形成合力。"双随机、双公示、双评估"的工作流程中未将非市场主体考虑在内的，源于在协同网络中没有考虑各部门的实际情况，仅从单一部门或者少数部门出发，导致无法在全网络流通运转。因此，为推动整个综合执法协同网络的顺利运转，需要加强统一协调，通过更为全面的调研沟通和一系列更广泛、包含更全面的配套实施方案，最大限度地减少网络系统中各部门的运转阻力，使其以最大程度的凝聚力实现行政执法体制的改革效果。

**2. 协调沟通机制较为薄弱**

协同理论的相关研究表明，政府这一有机整体下需要各部门通过协调合作才能产生协同效应。然而，通过一段时间协同网络的运行，在部门间依旧缺少良好的沟通协调机制，综合执法部门和行业管理部门间协调配合、齐抓共管的闭合回路还未有效建立。例如，联合执法在实施中对各部门的协同化程度要求极高，首先在准备过程中各部门对现有行政执法事项进行逐一梳理，对所有行政执法业务进行规范，做到一项不缺，全面覆盖，并在此基础上逐一完善行政审批及许可信息。其次，需要有主要领导或者牵头部门将事项及信息进行整合，并形成规范化的流程及预案，以便在现场执法中能不打架不推诿。再次，在现场执法中，既各司其职又互通协作，而不是有的案子都想查，有的案子两个部门甚至连现场检查笔录都不想做。最后，对违法行为的查处应通力合作，才能对行政相对人有所震慑。所以，既需要成文的联动工作方案，也需要平台功能的进一步改进、完善，而这都需要部门间建立更紧密的沟通联动机制。同时，行业管理、城管执法与作业服务之间的信息共享、协同联动并没有形成固定的机制。往往是上级督办后、重大案件事发后才匆忙进行协商沟通解决。这种孱弱的协调机制并不能达到组织形式优化的目的，也未能实现扩大相对集中行政处罚权改革的目的，行政成本的损耗使得改革成效大打折扣。

**3. 信息平台还需整合优化**

深化综合行政执法体制改革除了需要组织结构上的不断整合和部门间的不断协同之外，亟须信息技术的支撑。在信息化发展的社会，集成化的信息平台能够进行较好沟通和提供协同网络中各部门需要的信息，并提供有效的监督，是提高城管综合执法效能的重大抓手和重要依托，可以使行业主管和综合执法部门之间的关系更加稳固。目前，综合执法协同网络中，信息平台的建设尚未完善，信息资源还未顺畅流通，使跨部门协同工作开展的效率不高。事中事后监管平台中运行的信息数据来自各部门分散的系统，可通过端口接入的方式实现数据的归集，但由于数据的来源是不同的系统，数据的录入方式、标准、体量完全不同，"信息孤岛"问题看似进行了整合，但还是存在各种不同的壁垒，也让协同网络中点对点的流通变得混乱。同时，事中事后监管平台的自身建设较为薄弱，存在着数据运行速度不够、存储量未达要求、与其他业务系统间的交换还未联通等问题。为使整体性政府理论在协同网络中得到很好的应用，加深部门间信息资源的整合，形成网络中部门之间能够交换、共享各类信息的运行环境，在平台建设上要以内容为中心，以共享为导向，以联动为目标，进一步弥补现有信息流转不够流畅，专业信息化人员缺乏，资金、技术、培训等方面投入不足等问题，从而打造一个更为整合、多元的信息化集成平台。

**4. 多部门联合奖惩未成合力**

联合奖惩的执行效果未达预期，守信者得不到激励而对失信者的惩戒未落实并形成威慑，究其原因是协同网络中各部门的联合协作不够彻底，没有形成奖惩的合力。虽然在协同网络中随着信息的流转，已将综合执法部门作出的行政处罚结果实时在"浦东信用"公示平台进行了公示，供民众查询，但只靠这种单一的黑名单制度并不能达到联合奖惩以提高行政相对人违法成本的目的，也不能实现行政综合执法改革的目的，行政成本的损耗使得改革成效大打折扣。失信联合惩戒关键在"联合"，形成部门间协调配合、齐抓共管的闭合回路，如果只在其违法的领域或者行业内对失信者进行惩戒，惩戒力度就不够大，不足以对失信者形成足够震慑。因此，联合惩戒不是网络中某个行业或者某些部门的事情，必须形成合力，建立跨地区、跨部门、跨行业、跨领域的联合惩戒机制，进一步扩大联合惩戒的形式和内容，形成协同网络中部门联动、协同网络外行业自律、第三方信用机构相应参与、社会舆论广泛监督的共同治理格局。

**5. 缺乏配套的绩效监督体系**

目前，在浦东新区综合执法协同网络的运作中，各部门的协同联动程度、数据共享程度以及任务完成程度等参差不齐，很大程度上归根于协同网络的绩效监督体系缺乏，没有行之有效的激励追究制度，有些部门存在应付了事的态度。没有一个标准的绩效评估体系对部门日常在协同网络中的工作进行不间断的跟踪考核，且没有建立配套的激励约束机制，很难使部门间有良性的竞争意识，促进行政效率的提高并实现构建功能聚合、信息共享、流程优化、业务协同、法治运作的协同网络。

（二）优化对策

**1. 协调各方需求及配套法制保障**

为解决协同网络在运行中存在的问题，需要考虑设立联席会议制度，成立事中事后监管会议领导小组，统筹各方需求并及时协调解决存在的问题。事中事后监管会议领导小组的主要工作职责如下：一是传达相关方针、政策并据此研究、制定下一步工作目标及方案；二是对工作中遇到的难点和重点问题协调各部门讨论及解决；三是督促、检查各部门单位工作履行情况，同时进行考核。原则上联席会议每季度召开一次，也可根据实际工作的需要调整召开时间。同时构建行政协助制度，强化各部门的责任落实，明确责任主体工作内容、时限、标准等要求，确定数据流转方式，制定奖惩措施，保障协同网络的高效运转。另外，通过建立一套完善齐全、详细缜密、切合实际、操作性强的法制体系，来确保协同网络得到更加精细的法制化管理。一是在法制体系中明确各部门的责权依据，虽然难以在某一部上位法中确定而统辖所有行政管理法规，但是可以在各行业部门的行政监管法规中作原则性规定。二是强化各综合执法部门的法制保障以及行业管理部门的各类实体法细化。

### 2. 整合贯通部门间协调沟通渠道

为进一步在部门间建立良好的沟通协调机制，建立一个部门间协调配合、齐抓共管的闭合回路，在下一步的工作中从线上和线下两方面出发提出建议。在线上，固化相关配套制度，在明确各自职能权限和界面的基础上，继续在事中事后监管平台运行的基础上深化"双告知"手段，建立管理执法双向沟通、双向告知、双向协作的良好氛围。同时，在兼顾各部门的个性化需求，有效地将各部门通过网络衔接起来，完善从管理部门开始到后续执法部门在具体运作中的各项流程。例如，浦东新区科经委运用信息化手段对30万家企业信用状况进行初步信用评估，并将信用评估结果推送至事中事后综合监管平台，为各部门实现分类监管和重点检查等提供了有力依据。在线下，建立技术支援制度。就目前综合执法协同网络的问题来看，想要实现权力在网络中顺畅运行，建立双向沟通机制是当务之急。城管与有关管理部门应更多进行业务上的联系和合作，严格落实各部门的职责和任务，建立和完善技术支援制度，技术支援单位要在规定时间内及时办结并出具书面处理结果，以有效提高城管执法效能。

### 3. 建立跨部门的责任与激励机制

在协同网络中多数部门内部都建立了较为完善和严密的绩效评估体系，并设立了标准化的评估指标，但缺少针对在协同网络的运转中跨部门协同联动的考核指标。从公共部门绩效评估建立的过程来看，主要分为四个阶段：首先是评估体系构建的准备阶段。即明确涉及的评估对象并清晰地界定其职责范围，通过发挥各部门的主观能动性广泛听取意见和建议，突出自身特点，以便得到被考核者的认同。其次是指标体系的框架设计阶段，在指标数量的控制上，不应太多太过详细，应突出各个指标对于协同联动的重要性；在指标的设计与筛选上，对各部门的协同目标以及完成这些工作所要做的努力进行分析,初步确定评估的大体方向。接着,运用访谈的方法及联席会议制度,构建各个方面的评价指标及指标的权重确定等,如只有执法权的城管部门,考核的指标应偏重对行政检查及行政处罚案件的质量,而对专业条线管理部门的考核则应偏重信息的归集,从而确保评估过程的公平。再次是绩效评估的考核阶段。需要被考核部门积极响应及配合,并与考核部门加强沟通。最后是评估结果的运用阶段。为避免绩效考核流于形式,除了对评估结果较差的部门进行问责之外,应定期在联席会议上通报评估结果,并可以尝试评估结果与部门预算、人员考核等相结合。

**4. 完善整合共享的信息集成平台**

从某种意义上讲,互联互通技术平台是避免职能交叉的有效手段,是部门间工作流程的再造。建议在已有的政务资源动态共享交换平台建设的基础上,加深管理部门涵盖行政审批、行政许可以及航拍等监测各项内容的数据传送,不仅可以对管理部门和执法部门双方的工作职责进行明确,而且可以通过数据的实时传送,进一步解决综合执法部门在执法过程中出现的专业性不够、现场缺乏业务知识支撑的问题。而行业主管部门得到的执法数据反馈,也可以进一步为行业标准设计、问题预警、决策制定提供依据,打造从决策、监管到执法这一完整的管理闭环。同时,根据各部门个性化需求对平台功能模块进行完善,增加"双随机、双评估、双公示"的数据导入、分析比对、动态展示等功能,进一步实现与区信用平台、网上督查系统的数据对接。除了深化事中事后监管平台的建设,还需解决城管综合执法部门在日常工作中最容易遇到的难题,即对非市场主体的行政检查及处罚。为此,可以探索将浦东新区城市运行中心以联勤联动机制为基础建设的平台进行对接,打造符合综合执法协同网络现实需求的智慧化信息平台。浦东新区可以作为事中事后监管平台补充的是它主要负责城市网格化综合管理、市民热线、应急值守、应急管理等工作,并负责城市日常管理、突发状况、街面治安等方面,兼顾事件问题的巡查发现、派单、简易处置,并统一管理、调配以及使用网格内执法及执法辅助力量。正是由于两个平台的工作特性及需求的不同,缺一不可,但是这两个平台建设的信息标准必须一致,这是目前的难点问题和关键所在,后期需继续进一步加大资金预算、技术人员以及业务培训等方面的投入,提高信息化综合执法的建设力度,加强不同平台间的融合互补,从而实现向协同网络的精确、敏捷、高效以及城市管理综合执法的全流程、全方位覆盖。

**5. 深化有效协同的联合奖惩体系**

城市是信用体系建设的重要载体和关键支撑,信用城市日益成为城市新的名片。因此，推进各政府部门信息共建共享、在综合执法领域实施联合奖惩、持续推进城市信用应用创新，使违法者意识到行政违法的成本，从而降低城管违法事件的发生率，是提高行政执法效能的有效措施之一。首先，加强信用数据的归集。信用数据是上海市社会信用体系建设的基础，贯穿于整个"五位一体"的设计框架中。因此，要加快建立信用"三清单"即数据清单、行业清单、应用清单的建设，明确纳入平台数据的准入标准、行业类别、严重程度等相关信息，同时采取主动采集和被动推送的不同方式，推进信用数据的共建、共享、共用，实现信用信息的标准化和体系化。在"双评估"流程的下一步建设中，还可以通过探索利用芝麻信用等第三方试点，通过加强公私部门的联合协作，建立针对全方位的信用评价联动机制。其次，推动信用数据的应用。信用，有了"信"以后，第二步就是"用"，"用"是信用的目的。信用信息或信用产品在行政管理事项中的应用较少，虽然在如房地产登记、证券行业的资格准入等方面有一定的应用，提高了违法成本，震慑了行政相对人，但信用资源应有的贡献尚未得到充分挖掘。信用信息的应用要站在发展战略的高度，围绕"放管服"改革、事中事后监管和构建失信惩戒大格局，推动建立信用信息跨部门、跨行业、跨区域的联动机制，加快信用体系建设的探索和尝试。